# 广州话普通话对照 365

陈慧英 编著

北京语言文化大学出版社

（京）新登字 157 号

**图书在版编目（CIP）数据**

广州话普通话对照 365/陈慧英编著 .—北京：
北京语言文化大学出版社,2001(重印)
（对外对照 365）
ISBN 7-5619-0634-X

Ⅰ．广…

Ⅱ．陈…

Ⅲ．粤语—汉语—对照读物

Ⅳ．H.17

责任印制：王质钊
出版发行：北京语言文化大学出版社
　　　　　（北京海淀区学院路 15 号　邮政编码 100083）
印　　　刷：北京北林印刷厂
经　　　销：全国新华书店
版　　　次：1995 年 10 月第 1 版第 1 次印刷
　　　　　　2001 年 3 月第 4 次印刷
开　　　本：787 毫米×1092 毫米　1/32　印张：8.75
字　　　数：189 千字　印数：11101—14100 册
定　　　价：12.00 元
发行部电话：010—82303651　82303591
　　　　传真：010—82303081
E-mail：fxb@blcu.edu.cn

# 前　言

　　《广州话、普通话对照365》是为一般读者学习广州话和操粤语者学习普通话而编写的。此书面向广大的工作人员和学生，如旅行社、宾馆、饭店及商店服务人员、司机及大中学校学生等。一年365日，每日一至两句通俗的口语，广州话用国际音标注音，普通话用汉语拼音注音。读者学习了这些句子和词汇就能掌握日常生活和交际所使用的广州话和基本的普通话口语。本书配有录音带，以方便读者学习。

　　本书正文前的《广州话声韵调表》、《广州话的语音特点》，供初学者学习广州话语音入门使用。书中广州话用同音字代替的，标＊号，异体字、繁体字、冷僻的本字加上括号。书面语一般不儿化，口语里一般儿化的词，在词后加儿，在拼音后加（r）。

　　本书后附《广州小知识》，简明扼要地介绍了广州市的现况，并介绍了广州的名胜古迹、园林风光、饮食文化、风俗习惯等，以帮助读者增加对广州这个南方现代化美丽都市的了解。

　　希望此书能给读者以帮助，并衷心希望读者能提出改进此书的宝贵意见。

陈慧英

# 目　　录

# 广州话声韵调表

## 一、声母

| | | | |
|---|---|---|---|
| p(巴) | p'(怕) | m(妈) | f(花) |
| t(打) | t'(他) | n(拿) | l(啦) |
| ts(渣) | ts'(叉) | s(沙) | j(也) |
| k(家) | k'(卡) | ŋ(瓦) | h(虾) |
| kw(瓜) | k'w(夸) | w(蛙) | |

## 二、韵母

1. 单韵母

a(亚) ɛ(射) œ(靴) ɔ(科) i(衣) u(乌) y(于)

2. 复韵母

ai(街) ɐi(鸡) ei(机) ɔi(开) ui(杯)

au(包) ɐu(酒) ou(步) iu(腰) Øy(句)

3. 鼻韵母

am(三) ɐm(心) im(尖)

an(山) ɐn(新) Øn(春) ɔn(安) in(现) un(欢)

yn(元)

aŋ(棚) ɐŋ(朋) ɛŋ(镜) eŋ(冰) œŋ(常) ɔŋ(方)

oŋ(风)

m̩(唔) ŋ(吴)

4.塞音韵母

ap(甲) ɐp(十) ip(业)

at(发) ɐt(不) Øt(出) ɔt(喝) it(热) ut(活)

yt(月) ak(百) ɐk(北) ɛk(石) ek(力) œk(脚)

ɔk(落) ok(屋)


## 三、声调

| 调类 | ·  阴平 | 阴上　阴去 | 阳平　阳上 | 阳去 | 上阴入　下阴入 | 阳入 |
|---|---|---|---|---|---|---|
| 调号 | 53或 55 | 35　　33 | 11或21 23 | 22 | 5　　3 | 2 |
| 例字 | 夫　诗 | 使苦试富 | 时扶　市妇 | 事父 | 识　　锡 | 食 |

# 广州话的语音特点

## 一、声母

广州话声母比较简单，北京话有舌面、舌尖前、舌尖后（卷舌音）三套塞擦音声母，而广州话只有一套：ts、ts'、s（实际音值是 tʃ、tʃ'、ʃ），如"师"、"司"、"西"都读 s 声母。（"师"、"司"同音）。

ts、ts'、s 是带有舌面色彩的舌尖音，音值介于北京音的 ts、ts'、s 和 tɕ、tɕ'、ɕ 之间。j、w 发音略带摩擦。kw、k'w 是 k、k'的圆唇化。

## 二、韵母

韵母有 p、t、k 入声字韵尾跟鼻音韵尾 m、n、ŋ 相配。如：心 sɐm⁵³—湿 sɐp⁵，凡 fan²¹—发 fat³，忙 mɔŋ²¹—莫 mɔk²。入声字发音短促，本书一律用一个数字标调值。

韵母有长 a 和短 ɐ 的分别，a 和 ɐ 有区别意义的作用，学习广州话时要注意两者的区别，如：鸡 kɐi⁵⁵—街 kai⁵⁵，三 sam⁵⁵—心 sɐm⁵⁵。

广州话的 œ 韵母和带 œ 的韵母、带 ∅ 的韵母的音，外地人学习起来比较困难，如：靴 hœ⁵³、章 tsœŋ⁵³、春 ts'∅n⁵³、伦 l∅n²¹，这些字音要注意发准确。

广州话有两个自成音节的声化韵母：m̩，只有一个"唔"字；ŋ̩，如吴、五、误。

### 三、声调

广州话的声调较复杂，平、上、去、入各分阴调、阳调，入声有上阴入、下阴入、阳入，共九个调类。阴平又有53调和55调两种读法，一般来说，动词、量词多读53调，名词多读55调，其他调类的字有时也可以变读55调或35调（类似阴上调值），变调情况复杂，本文标音先标原调，"-"线后标变调。如鸭 ap³⁻³⁵等。学习声调时可按以下顺序熟读，可帮助记忆每个声调的实际发音，如：

| 阴平 | 阴上 | 阴去 | 阳平 | 阳上 | 阳去 |
|------|------|------|------|------|------|
| 衣 ji⁵³ | 椅 ji³⁵ | 意 ji³³ | 移 ji²¹ | 以 ji²³ | 义 ji²² |

| 上阴入 | 下阴入 | 阳入 |
|--------|--------|------|
| 必 pit⁵ | 鳖 pit³ | 别 pit² |

# 一月 一月
## jɐt⁵ jyt² Yī yuè

上旬　　　　上旬
sœŋ²²ts'Øn²¹　Shàngxún

礼貌　用语　　礼貌　用语
lɐi²³mau²²　joŋ²²jy²³　Lǐmào　yòngyǔ

一　月　一　日
jɐt⁵ jyt² jɐt⁵ jɐt²

Yī yuè yī rì

元　旦
jyn²¹ tan³³
元　旦
Yuándàn

新年　好!
sɐn⁵³nin²¹hou³⁵

新年　好!
Xīnnián hǎo!
祝　大家　新年　快乐!
tosk⁵ tai²² ka⁵⁵ sɐn⁵³ nin²¹ fai³³ lɔk²

祝　大家　新年　快乐!
Zhù dàjiā xīnnián kuàilè!

## 一 月 二 日
je t$^5$ jyt$^2$ ji$^{22}$ je t$^2$

Yī yuè èr rì

你 好！
nei$^{23}$ hou$^{35}$

你 好！
Nǐ hǎo！

有 心。
jeu$^{23}$ sem$^{53}$

谢谢 关心。
Xièxie guānxīn.

## 一 月 三 日
je t$^5$ jyt$^2$ sam$^{53}$ je t$^2$

Yī yuè sān rì

多 谢。
tɔ$^{53}$ tsɛ$^{22}$

谢谢。
Xièxie.

湿湿碎 啫。
sep$^5$ sep$^5$ sØy$^{33}$ tsɛ$^{55}$

小意思 罢了。
Xiǎoyìsi bàle.

## 一 月 四 日
je t$^5$ jyt$^2$ sei$^{33}$ je t$^2$

Yī yuè sì rì

唔该 晒。
m$^{21}$ kɔi$^{53}$ sai$^{33}$

劳 驾 了。
Láo jià le.

唔使 客气。
m$^{21}$ sei$^{35}$ hak$^3$ hei$^{33}$

不用 客气。
Búyòng kèqi.

## 一 月 五 日
je t$^5$ jyt$^2$ ŋ$^{23}$ je t$^2$

Yī yuè wǔ rì

早 晨！
tsou$^{35}$ sen$^{21}$

早上 好！
Zǎoshang hǎo！

琴\*晚　　眲　　得　　好
k'em²¹man²³　fen³³　tek⁵　hou³⁵

嘛?
ma²³

昨晚　睡　得　好　吗?
Zuówǎn shuì de hǎo ma?

早唞(齁)!
tsou³⁵t'eu³⁵

晚安!
Wǎn'ān!

唞(齁)　下　先　啦!
t'eu³⁵　ha²³　sin⁵⁵　la⁵⁵

先　休息　一　下儿　吧!
Xiān xiūxi yí xià(r) ba!

麻烦　　你哋　嘞
ma²¹fan²¹nei²³tei²²lak³

麻烦　你们　了。
Máfan nǐmen le.

唔　紧要
m²¹ken³⁵jiu³³

不　要紧。
Bú yàojǐn.

　滚搅　　晒。
kwen³⁵kau³⁵sai³³

打搅　了。
Dǎjiǎo le.

　有　　关系。
mou²³kwan⁵³hei²²

一　月　六　日
jet⁵ jyt² lok² jet²

Yī yuè liù rì

一　月　七　日
jet⁵ jyt² ts'et⁵ jet²

Yī yuè qī rì

一　月　八　日
jet⁵ jyt² pat³ jet²

Yī yuè bā rì

一 月 九 日
jet⁵ jyt² keu³⁵ jet²

Yī yuè  jiǔ rì


一 月 十 日
jet⁵ jyt² sep² jet²

Yī yuè shí rì

没 关系。
Méi guānxi.

多 得 晒 你 嘞。
tɔ⁵⁵ tek⁵ sai³³ nei²³ lak³

承 蒙  您 关照。
Chéngméng nín guānzhào.

咪 客 气。
mei²³ hak³ hei³³

别 客气。
Bié kèqi.

拜托  你 嘞。
pai³² t'ɔk³ nei²³ lak³

拜托 您 了。
Bàituō nín le.

冇  问题。
mou²³ men²² t'ei²¹

没 问题。
Méi wèntí.


## 生 词 表

1. 一月 jet⁵jyt²    一月 yī yuè

2. 上旬 sœŋ²²ts'∅n²¹    上旬 shàngxún

3. 礼貌用语 lei²³mau²²joŋ²²jy²³    礼貌用语 lǐmào yòngyǔ

4. 新年 sen⁵³nin²¹    新年 xīnnián

5. 好 hou³⁵    好 hǎo

6. 祝 tsok⁵    祝 zhù

7. 大家 tai²²ka⁵⁵    大家 dàjiā

8. 快乐 fai³³lɔk²        快乐 kuàilè

9. 你 nei²³        你 nǐ, 您 nín

10. 有心 jɐu²³sɐm⁵³        谢谢关心 xièxie guānxīn

11. 多谢 tɔ⁵³tsɛ²²        谢谢 xièxie

12. 湿湿碎 sɐp⁵sɐp⁵sØy³³        小意思 xiǎoyìsi

13. 啫 tsɛ⁵⁵        罢了 bàle

14. 唔该 m²¹kɔi⁵³        劳驾 láojià

15. 唔使 m²¹sɐi³⁵        不用 búyòng

16. 客气 hak³hei³³        客气 kèqi

17. 晒 sai³³（副词）        太 tài, 真 zhēn, 全 quán

18. 早晨 tsou³⁵sɐn²¹        早上 zǎoshang,

                       早上好 zǎoshang hǎo

19. 琴*晚 kʰɛm²¹man²³        昨晚 zuówǎn

20. 瞓 fɐn³³        睡 shuì

21. 得 tɐk⁵        得 de

22. 嘛 ma²³        吗 ma

23. 早唞（敨）tsou³⁵tʰɐu³⁵        晚安 wǎn'ān

24. 唞（敨）tʰɐu³⁵        休息 xiūxi

25. 下 ha²³（"一下"的省略语）        一下儿 yí xià(r)

26. 先 sin⁵³        先 xiān

27. 啦 la⁵⁵        吧 ba

28. 麻烦 ma²¹fan²¹        麻烦 máfan

29. 你哋 nei²³tei²²        你们 nǐmen

30. 嘞 lak³                  了 le

31. 唔 m̩²¹                不 bù

32. 紧要 ken³⁵jiu³³        要紧 yàojǐn

33. 滚搅 kwen³⁵kau³⁵      打搅 dǎjiǎo

34. 冇 mou²³               没 méi

35. 关系 kwan⁵³hei²²      关系 guānxi

36. 多得 tɔ⁵⁵tek⁵         承蒙关照 chéngméng

                                           guānzhào

37. 咪 mei²³               别 bié

38. 拜托 pai³³t'ɔk³       拜托 bàituō

39. 问题 men²²t'ei²¹       问题 wèntí

40. 日 jet²                日 rì，天 tiān

41. 一 jet⁵                一 yī

42. 二 ji²²                二 èr

43. 三 sam⁵³              三 sān

44. 四 sei³³               四 sì

45. 五 ŋ²³                五 wǔ

46. 六 lok²               六 liù

47. 七 ts'et⁵            七 qī

48. 八 pat³               八 bā

49. 九 keu³⁵             九 jiǔ

50. 十 sɐp²               十 shí

# 中旬　中旬
$tsoŋ^{53}ts'∅n^{21}$　Zhōngxún

## 问候　问候
$men^{22}heu^{22}$　Wènhòu

一月　十一　日
$jet^5 jyt^2 sep^2 jet^5 jet^2$

Yī yuè shíyī rì

你　呢排　几　好　嘛?
$nei^{23}nei^{55}p'ai^{21}kei^{35}hou^{35}ma^{23}$
你　近来　还　好　吧?
Nǐ jìnlái hái hǎo ba?

一月　十二　日
$jet^5 jyt^2 sep^2 ji^{22} jet^2$

Yī yuè shí'èr rì

老师　身体　好　嘛?
$lou^{23}si^{53} sen^{53}t'ei^{35}hou^{35}ma^{23}$
老师　身体　好　吗?
Lǎoshī shēntǐ hǎo ma?

一月　十三　日
$jet^5 jyt^2 sep^2 sam^{53} jet^2$

Yī yuè shísān rì

佢　好　精神。
$K'∅y^{23}hou^{35}tseŋ^{53}sen^{21}$

他　精神　很　好。
Tā jīngshen hěn hǎo.

一月　十四　日
$jet^5 jyt^2 sep^2 sei^{33} jet^2$

Yī yuè shísì rì

你　面色　唔错。
$nei^{23}min^{22}sek^5 m^{21}ts'ɔ^{33}$
你　脸色　不错。
Nǐ liǎnsè búcuò.

一月　十五　日
$jet^5 jyt^2 sep^2 ŋ^{23} jet^2$

Yī yuè shíwǔ rì

你哋　忙　唔　忙?
$nei^{23}tei^{22}mɔŋ^{21}m^{21}mɔŋ^{21}$
你们　忙　不　忙?
Nǐmen máng bu máng?

一月 十六 日
jet⁵ jyt² sep² lok² jet²

Yī yuè shíliù rì

师傅 疼 唔 疼 呀?
si⁵³ fu³⁵ kui²² m²¹ kui²² a³³

师傅 累 不 累 啊?
Shīfu lèi bu lèi a?

一月 十七 日
jet⁵ jyt² sep² ts'et⁵ jet²

Yī yuè shíqī rì

我哋 　　前吟排 　　好
ŋɔ²³ tei²² ts'in²¹ kɔ³⁵ p'ai²¹ hou³⁵
忙。
mɔŋ²¹

我们 前些 日子 很 忙。
Wǒmen qiánxiē rìzi hěn máng.

一月 十八 日
jet⁵ jyt² sep² pat³ jet²

而家 唔 系 几 忙。
ji²¹ ka⁵⁵ m²¹ hei²² kei³⁵ mɔŋ²¹

Yī yuè shíbā rì

现在 不太 忙。
Xiànzài bú tài máng.

一月 十九 日
jet⁵ jyt² sep² keu³⁵ jet²

你 好似 肥 咗 啲。
nei²³ hou³⁵ ts'i²³ fei²² tsɔ³⁵ ti⁵⁵

你 好像 胖了 一点儿。
Nǐ hǎoxiàng pàngle yìdiǎn(r).

Yī yuè shíjiǔ rì

一月 二十 日
jet⁵ jyt² ji²² sep² jet²

我 好 耐 冇 　 见到
ŋɔ²³ hou³⁵ nɔi²² mou²³ kin³³ tou³³⁻³⁵
佢哋 　 嘞, 同 我
k'øy²³ tei²² lak³ t'oŋ²¹ ŋɔ²³

Yī yuè èrshí rì

问候 佢哋 啦。
men²² heu²² k'øy²³ tei²² la⁵⁵

我 很久 没 看见 他们了,
Wǒ hěn jiǔ méi kànjiàntāmen le,
替 我 问候 他们 吧。
tì wǒ wènhòu tāmen ba.

# 生 词 表

1. 中旬 tsoŋ$^{53}$ts'∅n$^{21}$      中旬 zhōngxún

2. 问候 men$^{22}$heu$^{22}$      问候 wènhòu

3. 呢排 nei$^{55}$p'ai$^{21}$      近来 jìnlái

4. 几 kei$^{35}$      还 hái

5. 老师 lou$^{23}$si$^{53}$      老师 lǎoshī

6. 身体 sen$^{53}$t'ei$^{35}$      身体 shēntǐ

7. 佢 k'∅y$^{23}$      他 tā

8. 好 hou$^{35}$(副词)      很 hěn(副词)

9. 精神 tseŋ$^{53}$sen$^{21}$      精神 jīngshen

10. 面色 min$^{22}$sek$^{5}$      脸色 liǎnsè

11. 唔错 m$^{21}$ts'ɔ$^{33}$      不错 búcuò

12. 你哋 nei$^{23}$tei$^{22}$      你们 nǐmen

13. 忙 mɔŋ$^{21}$      忙 máng

14. 师傅 si$^{53}$fu$^{35}$      师傅 shīfu

15. 疲 kui$^{22}$      累 lèi

16. 我 ŋɔ$^{23}$      我 wǒ

17. 我哋 ŋɔ$^{23}$tei$^{22}$      我们 wǒmen

18. 呀 a$^{33}$(语气词)      啊 a(语气词)

19. 前阵排 ts'in$^{21}$kɔ$^{35}$p'ai$^{21}$      前些日子 qiánxiē rìzi

20. 而家 ji$^{21}$ka$^{55}$      现在 xiànzài

21. 唔系几 m$^{21}$hei$^{22}$kei$^{35}$      不太 bú tài

22. 好似 hou$^{35}$ts'i$^{23}$      好像 hǎoxiàng

23. 肥 fei$^{21}$      胖 pàng，肥 féi

24. 咗 tsɔ$^{35}$（助词）     了 le（助词）

25. 啲 ti$^{55}$（量词）     一点儿 yìdiǎnr，一些 yìxiē

26. 耐 nɔi$^{22}$      久 jiǔ

27. 同 t'oŋ$^{21}$      替 tì

28. 见到 kin$^{33}$tou$^{33-35}$      看见 kànjiàn

29. 佢哋 k'∅y$^{23}$tei$^{22}$      他们 tāmen

30. 十一 sɐp$^2$ jɐt$^5$      十一 shíyī

31. 十二 sɐp$^2$ ji$^{22}$      十二 shí'èr

32. 十三 sɐp$^2$ sam$^{53}$      十三 shísān

33. 十四 sɐp$^2$ sei$^{33}$      十四 shísì

34. 十五 sɐp$^2$ ŋ$^{23}$      十五 shíwǔ

35. 十六 sɐp$^2$ lok$^2$      十六 shíliù

36. 十七 sɐp$^2$ts'ɐt$^5$      十七 shíqī

37. 十八 sɐp$^2$ pat$^3$      十八 shíbā

38. 十九 sɐp$^2$ kɐu$^{35}$      十九 shíjiǔ

39. 二十 ji$^{22}$sɐp$^2$      二十 èrshí

下旬　　　　　下旬

ha²²ts'∅n²¹　　Xiàxún

介绍　　姓名　　　介绍　　姓名

kai³³siu²²seŋ³³meŋ²¹　Jièshào xìngmíng


一月 二十一 日
jet⁵jyt²ji²²sep²jet⁵jet²

Yī yuè èrshíyī rì


一月 二十二 日
jet⁵jyt²ji²²sep²ji²²jet²

Yī yuè èrshí'èr rì


一月 二十三 日
jet⁵jyt²ji²²sep²sam⁵³jet²

Yī yuè èrshísān rì


你 贵 姓？
nei²³kwei³³seŋ³³

您 贵 姓？
Nín guì xìng?
小 姓 黄。
siu³⁵seŋ³³wɔŋ²¹
我 姓 黄。
Wǒ xìng Huáng.

呢位 小姐 姓
nei⁵⁵wei²²⁻³⁵ siu³⁵tsɛ³⁵ seŋ³³

乜嘢？
met⁵jɛ²³

这位 小姐 姓 什么？
Zhèwèi xiǎojie xìng shénme?
吖位 先生 叫
kɔ³⁵wei²²⁻³⁵ sin⁵³saŋ⁵³ kiu³³

乜嘢 名？
met⁵jɛ²³mɛŋ³⁵

那位 先生 叫 什么
Nàwèi xiānsheng jiào shénme
名字？
míngzi?


— 11 —

佢　叫　　陈华。
k'∅y³kiu³³ts'en²¹wa²¹

他　叫　　陈华。
Tā jiào Chén Huá.

## 一月　二十四　日
jet⁵jyt²ji²²sep²sei³³jet²

Yī yuè èrshísì rì

呢位　　系　我　嘅
nei⁵⁵wei³⁵　hei²²　ŋɔ²³　kɛ³³

朋友。
p'eŋ²¹jeu²³

这位　是我　的　朋友。
Zhèwèi shì wǒ de péngyou.

## 一月　二十五　日
jet⁵jyt²ji²²sep²ŋ²³jet²

Yī yuè èrshíwǔ rì

吤　几　位　系　我　嘅
kɔ³⁵　kei³⁵　wei³⁵　hei²²　ŋɔ²³　kɛ³³

同学。
t'oŋ²¹hɔk²

那几位是我的　同学。
Nà jǐ wèi shì wǒ de tóngxué.

## 一月　二十六　日
jet⁵jyt²ji²²sep²lok²jet²

Yī yuè èrshíliù rì

吤　位　系　唔　系　何
kɔ³⁵　wei³⁵　hei²²　m²¹　hei²²　hɔ²¹

教授?
kau³³seu²²

那位　是　不是　　何教授?
Nàwèi shì bu shì Hé jiàoshòu?

唔系。
m²¹hei²²

不是。
Bú shì.

## 一月　二十七　日
jet⁵jyt²ji²²sep²ts'et⁵jet²

Yī yuè èrshíqī rì

你　识　唔　识得
nei²³sek⁵m²¹sek⁵tek⁵

张太?
tsœŋ⁵³ t'ai³³⁻³⁵
你 认 不 认识　张 太太?
Nǐ rèn bu rènshi Zhāng tàitai?
我 唔 识得　佢。
ŋɔ²³ m²¹ sek⁵ tek⁵ k'∅y²³

我 不 认识 她。
Wǒ bú rènshi tā.

**一　月　二十八　日**
jet⁵ jyt² ji²² sep² pat³ jet²

Yī yuè èrshíbā rì

吖个　　后生仔　　　系
kɔ³⁵ kɔ³³ heu²² saŋ⁵⁵ tsei³⁵ hei²²

边个?
pin⁵⁵ kɔ³³
那个　年青人　是 谁?
Nàge niánqīngrén shì shuí?
佢　　就　系　小江。
k'∅y²³ tseu²² hei²² siu³⁵ kɔŋ⁵⁵

他 就是　小江。
Tā jiù shì Xiǎo Jiāng.

**一　月　二十九　　日**
jet⁵ jyt² ji²² sep² keu³⁵ jet²

Yī yuè èrshíjiǔ rì

我 嚟　介绍　　一下，呢
ŋɔ²³ lei²¹ kai²² siu³³ jet⁵ ha²³ nei⁵⁵

位　系　　程先生。
wei²²⁻³⁵ hei²² ts'eŋ²¹ sin⁵³ saŋ⁵³

我 来 介绍 一 下儿，这位
Wǒ lái jièshào yí xià(r), zhèwèi
是　　程先生。
shì Chéng xiānsheng.

**一　月　三十　日**
jet⁵ jyt² sam⁵³ sep² jet²

Yī yuè sānshí rì

吖位　女士　就　系
kɔ³⁵ wei²²⁻³⁵ n∅y²³ si²² tseu²² hei²²

王惠芳。
woŋ²¹ wei²² foŋ⁵³

一 月　三 十 一　日

jet⁵jyt²sam⁵³sep²jet⁵jet²

Yī　yuè sānshíyī rì

那位　女士　就是　王
Nàwèi　nǚshì jiù shì　Wáng
惠芳
Huìfāng.

我　自己　介绍　一下,
ŋɔ²³ tsi²²kei³⁵ kai³³ siu²² jet⁵ha²³

我　叫　关玉珍。
ŋɔ²³kiu³³kwan⁵³jok²tsen⁵⁵

我 自己 介绍　一 下儿,
Wǒ zìjǐ jièshào yí xià(r),
我 叫　关玉珍。
wǒ jiào Guān Yùzhēn.

## 生　词　表

1. 下旬 ha²²ts'∅n²¹　　　下旬 xiàxún

2. 介绍 kai³³siu²²　　　介绍 jièshào

3. 姓名 seŋ³³meŋ²¹　　　姓名 xìngmíng

4. 贵姓 kwei³³seŋ³³　　　贵姓 guì xìng

5. 小姓 siu³⁵seŋ³³(谦语)　　我姓 wǒ xìng

6. 呢位 nei⁵⁵wei²²⁻³⁵　　　这位 zhèwèi

7. 小姐 siu³⁵tsɛ³⁵　　　小姐 xiǎojie

8. 吤位 kɔ³⁵wei²²⁻³⁵　　　那位 nàwèi

9. 先生 sin⁵³saŋ⁵³　　　先生 xiānsheng

10. 叫 kiu³³　　　叫 jiào

11. 乜嘢 met⁵jɛ²³　　　什么 shénme

12. 名 mɛŋ³⁵(白)　　　名字 míngzi

13. 陈华 ts'en²¹wa²¹(人名)　　陈华 Chén Huá(专名)

14. 朋友 p'eŋ²¹jeu²³      朋友 péngyou

15. 同学 t'oŋ²¹hok²      同学 tóngxué

16. 嘅 kɛ³³      的 de

17. 几 kei³⁵      几 jǐ

18. 系 hei²²      是 shì

19. 何 hɔ²¹（姓）      何 Hé（姓）

20. 教授 kau³³seu²²      教授 jiàoshòu

21. 识得 sek⁵tɛk⁵      认识 rènshi

22. 张 tsœŋ⁵³（姓）      张 Zhāng（姓）

23. 太 t'ai³³⁻⁵⁵（省略语）      太太 tàitai

24. 后生仔 heu²²saŋ⁵⁵tsei³⁵      年青人 niánqīngrén

25. 边个 pin⁵⁵kɔ³³      谁 shuí

26. 小江 siu³⁵kɔŋ⁵⁵      小江 Xiǎo Jiāng

27. 程 ts'eŋ²¹（姓）      程 Chéng（姓）

28. 女士 nØy²³si²²      女士 nǔshì

29. 王 wɔŋ²¹（姓）      王 Wáng（姓）

30. 自己 tsi²²kei³⁵      自己 zìjǐ

31. 关 kwan⁵³（姓）      关 Guān（姓）

32. 二十一 ji²²sɐp²jɐt⁵      二十一 èrshíyī

33. 二十二 ji²²sɐp²ji²²      二十二 èrshí'èr

34. 二十三 ji²²sɐp²sam⁵³      二十三 èrshísān

35. 二十四 ji²²sɐp²sei³³      二十四 èrshísì

36. 二十五 ji²²sɐp²ŋ̩²³      二十五 èrshíwǔ

37. 二十六  ji²²sɐp²lok²                二十六 èrshíliù

38. 二十七  ji²²sɐp²tsʼet⁵              二十七 èrshíqī

39. 二十八  ji²²sɐp²pat³                二十八 èrshíbā

40. 二十九  ji²²sɐp²keu³⁵               二十九 èrshíjiǔ

41. 三十  sam⁵³sɐp²                    三十 sānshí

42. 三十一  sam⁵³sɐp²jet⁵              三十一 sānshíyī

# 二 月　二 月

ji²² jyt² 　　Èr yuè

上旬　　　上旬
sœŋ²²ts'øn²¹　Shàngxún

假期　　　假期
ka³³k'ei²¹　Jiàqī

二 月 一 日
ji²² jyt² jet⁵ jet²

Èr yuè yī rì

二 月 二 日
ji²² jyt² ji²² jet²

Èr yuè èr rì

二 月 三 日
ji²² jyt² sam⁵³ jet²

Èr yuè sān rì

二 月 四 日
ji²² jyt² sei³³ jet²

Èr yuè sì rì

过 年 放 几 日 假 呀?
kwɔ³³nin²¹fɔŋ³³kei³⁵ jet²ka³³ a³³

过 年 放 几 天 假 啊?
Guò nián fàng jǐ tiān jià a?

放 三 日 假。
fɔŋ³³sam⁵³ jet²ka³³

放 三 天 假。
Fàng sān tiān jià.

寒 假 放 一 个 月。
hɔn²²ka³³fɔŋ³³ jet⁵kɔ³³ jyt²

寒假 放 一 个 月。
Hánjià fàng yí ge yuè.

我 哋 每 年 都 有
ŋɔ²³tei²²mui²³nin²¹tou⁵⁵ jeu²³

探亲假。
t'am³³ts'en²¹ka³³

我们　每　年　都　有
Wǒmen měi nián dōu yǒu

探亲假。
tànqinjià.

**二月五日**
ji²²jyt²ŋ²³jet²

È̀r yuè wǔ rì

寒假　　翻（返）　唔　　翻
hɔn²¹ka³³　fan⁵³　m²¹　fan⁵³

屋企？
ok⁵k'ei²³⁻³⁵

寒假　回不回家？
Hánjià huí bu huí jiā?

我　　　今年　　　翻（返）
ŋɔ²³　kem⁵³nin²¹　fan⁵³

**二月六日**
ji²²jyt²lok²jet²

È̀r yuè liù rì

乡下　　过　年。
hœŋ⁵³ha²³⁻³⁵kwɔ³³nin²¹

我　今年　回老家过　年。
Wǒ jīnnián huí lǎojiā guò nián.

**二月七日**
ji²²jyt²ts'et⁵jet²

È̀r yuè qī rì

打算　去　边度　玩
ta³⁵syn³³hØy³³pin⁵⁵tou²²wan³⁵

呀？
a³³

打算　去哪里　玩儿　啊？
Dǎsuàn qù nǎli wán(r) a?

**二月八日**
ji²²jyt²pat³jet²

È̀r yuè bā rì

听晚　　　要　　开
t'eŋ⁵³man²³　jiu³³　hɔi⁵³

联欢会。
lyn²¹fun⁵³wui²²⁻³⁵

明晚　要　开　联欢会。
Míngwǎn yào kāi liánhuānhuì.

二月 九 日
ji²² jyt² keu³⁵ jet²

Èr yuè jiǔ rì

二月 十 日
ji²² jyt² sɛp² jet²

Èr yuè shí rì

买好　年货　未　呀？
mai²³hou³⁵ nin²¹fɔ³³ mei²² a³³

买好　年货　没有？
Mǎihǎo niánhuò méiyǒu?

重(仲)要　炸　啲　煎堆、
tsoŋ²² jiu³³ tsa³³ ti⁵⁵ tsin⁵⁵ tØy⁵⁵

　油角　　　　　　送畀
jeu²¹ kɔk³⁻³⁵　　　　soŋ³³ pei³⁵

　亲戚。
ts'en⁵⁵ts'ek⁵

还　要　炸　一些　爆米团、
Hái yào zhá yìxiē bàomǐtuán、

油炸　饺子　送　给　亲戚。
yóu zhá jiǎozi sòng gěi qīnqi.

## 生　词　表

1. 二月 ji²²jyt²　　　　　　二月 èr yuè

2. 假期 ka³³k'ei²¹`　　　　　假期 jiàqī

3. 过年 kwɔ³³nin²¹　　　　　过年 guò nián

4. 放假 fɔŋ³³ka³³　　　　　　放假 fàng jià

5. 几日 kei³⁵jet²　　　　　　几天 jǐ tiān，

　　　　　　　　　　　　多少天 duōshao tiān

6. 三日 sam⁵³jet²　　　　　　三天 sān tiān

7. 寒假 hɔn²¹ka³³　　　　　　寒假 hánjià

8. 一个月 jet⁵kɔ³³jyt²　　　　一个月 yíge yuè

9. 每 mui²³ 　　　　　　　　 每 měi

10. 年 nin²¹ 　　　　　　　　 年 nián

11. 都 tou⁵⁵ 　　　　　　　　 都 dōu

12. 有 jeu²³ 　　　　　　　　 有 yǒu

13. 探亲假 t'am³³ts'ɐn⁵³ka³³ 　 探亲假 tànqīnjià

14. 今年 kɐm⁵³nin²¹ 　　　　 今年 jīnnián

15. 翻（返）fan⁵³ 　　　　　 回 huí

16. 乡下 hœŋ⁵³ha²²⁻³⁵ 　　　 老家 lǎojiā

17. 打算 ta³⁵syn³³ 　　　　　 打算 dǎsuàn

18. 去 hØy³³ 　　　　　　　　 去 qù

19. 边度 pin⁵⁵tou²² 　　　　 哪里 nǎli

20. 玩 wan³⁵ 　　　　　　　　 玩儿 wán(r)

21. 听晚 t'eŋ⁵³man²³ 　　　 明晚 míngwǎn

22. 要 jiu³³ 　　　　　　　　 要 yào

23. 开 hɔi⁵³ 　　　　　　　　 开 kāi

24. 联欢会 lyn²¹fun⁵³wui²²⁻³⁵ 联欢会 liánhuānhuì

25. 买 mai²³ 　　　　　　　　 买 mǎi

26. 年货 nin²¹fɔ³³ 　　　　　 年货 niánhuò

27. 未 mei²² 　　　　　　　　 没有 méiyǒu，没 méi

28. 重（仲）tsoŋ²² 　　　　 还 hái

29. 炸 tsa³³ 　　　　　　　　 炸 zhá

30. 煎堆 tsin⁵⁵tØy⁵⁵ 　　　 爆米团 bàomǐtuán

31. 油角 jeu²¹kɔk³⁻³⁵ 　　　 油炸饺子 yóu zhá jiǎozi

— 20 —

32. 送 soŋ³³ 　　　　　　　　送 sòng

33. 畀 pei³⁵ 　　　　　　　　给 gěi

34. 亲戚 ts'ɐn⁵⁵ts'ek⁵ 　　　亲戚 qīnqi


## 中旬　　中旬
### tsoŋ⁵³ts'∅n²¹　Zhōngxún

## 贺 年　　贺 年
### hɔ²²nin²¹　Hènián

二 月 十一 日
ji²²jyt²sɐp²jet⁵jet²

Èr yuè shíyī rì

今晚　　响　　屋企
kem⁵³man²³ hɔɐŋ³⁵ ok⁵k'ei²³⁻³⁵

食　　　团年饭。
sek² t'yn²¹nin²¹fan²²

今晚　在家 吃 年夜饭。
Jīnwǎn zài jiā chī niányèfàn.


二 月 十二 日
ji²²jyt²sɐp²ji²²jet²

Èr yuè shí'èr rì

年卅晚　　去　　行
nin²¹sa⁵³man²³ hɔ∅y³³ haŋ²¹

花街 好 唔 好?
fa⁵⁵kai⁵⁵hou³⁵m²¹hou³⁵

除夕去 逛 花市 好 不
Chúxī qù guàng huāshì hǎo bu
好?
hǎo?


二 月 十三 日
ji²²jyt²sɐp²sam⁵³jet²

Èr yuè shísān rì

我　　想　　买 一 盆
ŋɔ²³ sɔɐŋ³⁵ mai²³ jet⁵ p'un²¹

四季桔。
sei³³kwei³³ket⁵

我　想　买一　盆儿　四季桔。
Wǒ xiǎng mǎi yì pén(r) sìjìjú.

二月　十四　日
$ji^{22}jyt^2sɐp^2sei^{33}jɐt^2$

Èr yuè shísì rì

呢　枝　桃花　好　靓！
$nei^{55}tsi^{53}t'ou^{21}fa^{55}hou^{35}lɛŋ^{33}$

这　株　桃花　真　漂亮！
Zhè zhū táohuā zhēn piàoliang!

---

情　人　节
$ts'eŋ^{21}jen^{21}tsit^3$

情　人　节
Qíngrénjié

---

我　中意　水仙花。
$ŋɔ^{23}tsoŋ^{53}ji^{33}sØy^{23}sin^{55}fa^{55}$

我　喜欢　水仙花。
Wǒ xǐhuan shuǐxiānhuā.

二月　十五　日
$ji^{22}jyt^2sɐp^2ŋ^{23}jɐt^2$

Èr yuè shíwǔ rì

二月　十六　日
$ji^{22}jyt^2sɐp^2lok^2jɐt^2$

Èr yuè shíliù rì

新年　流流　要　同
$sen^{53}nin^{21}leu^{21}leu^{21}$ $jiu^{33}$ $t'oŋ^{21}$

亲戚　拜年。
$ts'en^{55}ts'ek^2pai^{33}nin^{21}$

新年　期间要　跟　亲戚
Xīnnián qījiān yào gēn qīnqi
拜年。
bàinián.

二月　十七　日
$ji^{22}jyt^2sɐp^2ts'et^5jɐt^2$

Èr yuè shíqī rì

春节　好，　恭喜
$ts'Øn^{53}tsit^3$ $hou^{35}$ $koŋ^{53}hei^{35}$
发财！
$fat^3ts'ɔi^{21}$

春节　好，恭喜　发财！
Chūnjié hǎo, gōngxǐ fācái!

二月　十八　日
$ji^{22}$ jyt$^2$ sep$^2$ pat$^3$ jet$^2$

Èr yuè shíbā rì

祝　　　大家　　　　身壮
tsok$^5$　tai$^{22}$ka$^{55}$　sen$^{53}$ tsɔŋ$^{33}$

力健，　万事　如意！
lek$^2$kin$^{22}$ man$^{22}$si$^{22}$ jy$^{21}$ji$^{33}$

祝　大家　身体　　健康，
Zhù dàjiā shēntǐ jiànkāng,

万事如意！
wànshì-rúyì!

二月　十九　日
$ji^{22}$ jyt$^2$ sep$^2$ keu$^{35}$ jet$^2$

Èr yuè shíjiǔ rì

恭祝　　　你　　　精神
koŋ$^{53}$tsok$^5$ nei$^{23}$ tseŋ$^{53}$sen$^{21}$

爽利，　　生意兴隆！
sɔŋ$^{35}$lei$^2$seŋ$^{53}$ji$^{22}$heŋ$^{53}$loŋ$^{21}$

祝贺　你　　精神焕发，
Zhùhè nǐ jīngshén-huànfā,

生意兴隆！
shēngyi-xīnglóng!

二月　二十　日
$ji^{22}$ jyt$^2$ji$^{22}$ sep$^2$ jet$^2$

Èr yuè èrshí rì

我　祝　你　　心想
ŋɔ$^{23}$ tsok$^5$ nei$^{23}$ sem$^{53}$ sœn$^{35}$

事成，　　步步高升！
si$^{22}$ seŋ$^{21}$pou$^{22}$pou$^{22}$kou$^{53}$seŋ$^{53}$

我　祝　你　　心想事成，
Wǒ zhù nǐ xīnxiǎng-shìchéng,

步步高升！
bùbù-gāoshēng!

## 生　词　表

1. 贺年 hɔ$^{22}$nin$^{21}$　　　　贺年 hè nián

2. 今晚  kɐm⁵³man²³         今晚  jīnwǎn

3. 响  hœŋ³⁵            在  zài

4. 屋企  ok⁵k'ei²³⁻³⁵       家  jiā

5. 食  sek²             吃  chī

6. 团年饭  t'yn²¹nin²¹fan²²   年夜饭  niányèfàn

7. 年卅晚  nin²¹sa⁵³man²³    除夕  chúxī

8. 行  haŋ²¹            逛  guàng，走  zǒu

9. 花街  fa⁵⁵kai⁵⁵        花市  huāshì

10. 想  sœŋ³⁵           想  xiǎng

11. 一盆  jɐt⁵p'un²¹      一盆儿  yì pén(r)

12. 四季桔  sei³³kwei³³kɐt⁵   四季桔  sìjìjú

13. 枝  tsi⁵³           株  zhū

14. 桃花  t'ou²¹fa⁵⁵       桃花  táohuā

15. 靓  lɛŋ³³           漂亮  piàoliang

16. 中意  tsoŋ⁵³ji³³       喜欢  xǐhuan

17. 水仙花  søy³⁵sin⁵⁵fa⁵⁵    水仙花  shuǐxiānhuā

18. 新年流流  sɐn⁵³nin²¹leu²¹leu²¹  新年期间  xīnnián qījiān

19. 同  t'oŋ²¹          跟  gēn

20. 拜年  pai³³nin²¹      拜年  bàinián

21. 春节  ts'øn⁵³tsit³     春节  Chūnjié

22. 恭喜  koŋ⁵³hei³⁵      恭喜  gōngxǐ

23. 发财  fat³ts'ɔi²¹      发财  fācái

24. 恭祝  koŋ⁵³tsok⁵      祝贺  zhùhè

— 24 —

25. 身壮力健 $sɐn^{53}tsɔŋ^{33}lek^{2}kin^{22}$   身体健康 shēntǐ jiànkāng

26. 万事如意 $man^{22}si^{22}jy^{21}ji^{33}$   万事如意 wànshì - rúyì

27. 精神爽利 $tsɛŋ^{53}sɐn^{21}sɔŋ^{35}lei^{22}$   精神焕发 jīngshén - huànfā

28. 生意兴隆 $sɐŋ^{53}ji^{22}hɐŋ^{53}lɔŋ^{21}$   生意兴隆 shēngyi - xīng - lóng

29. 心想事成 $sɐm^{53}sœŋ^{35}si^{22}sɐŋ^{21}$   心想事成 xīnxiǎng - shì - chéng

30. 步步高升 $pou^{22}pou^{22}kou^{53}sɐŋ^{53}$   步步高升 bùbù - gāoshēng


下旬   下旬
$ha^{22}ts'ɵn^{21}$   Xiàxún


春节习俗   春节 习俗
$ts'ɵn^{53}tsit^{3}tsap^{2}tsok^{2}$   Chūnjié xísú


二 月 二十一 日
$ji^{22}jyt^{2}ji^{22}sɐp^{2}jɐt^{5}jɐt^{2}$

Èr yuè èrshíyī rì

二 月 二十二 日
$ji^{22}jyt^{2}ji^{22}sɐp^{2}ji^{22}jɐt^{2}$

Èr yuè èrshí'èr rì


畀一 封 利是 你。
$p'ei^{1}jɐt^{5}foŋ^{53}lei^{22}si^{22}nei^{23}$

给 你 一 个 红包儿。
Gěi nǐ yí ge hóngbāo(r).

食 啲 瓜子、 糖果
$sek^{2}$ $ti^{55}$ $kwa^{53}tsi^{35}$ $t'ɔŋ^{21}kwɔ^{35}$
啦。
$la^{55}$

吃 一点儿 瓜子儿、 糖果
Chī yìdiǎnr guāzǐ(r)、 tángguǒ
吧。
ba.

二月　二十三　日
ji²² jyt² ji²² sɐp² sam⁵³ jet²

Èr yuè èrshísān rì

年初二　　开年，　我
nin²¹ ts'ɔ⁵³ ji²² kɔi⁵³ nin²¹　ŋɔ²³
请　你　食饭。
ts'ɛŋ³⁵ nei²³ sek² fan²²

年初二　　开年，我请你
Niánchū'èr kāinián，wǒ qǐng nǐ
吃　饭。
chī fàn.

二月　二十四　日
ji²² jyt² ji²² sɐp² sei³³ jet²

Èr yuè èrshísì rì

听日　嚟我　屋企
t'ɛŋ⁵³ jet² lei²¹ ŋɔ²³ ok⁵ k'ei²³⁻³⁵
食　汤圆　啦。
sek² t'ɔŋ⁵³ jyn²¹⁻³⁵ la⁵⁵

明天　来我家吃　元宵
Míngtiān lái wǒ jiā chī yuánxiāo
吧。
ba.

二月　二十五　日
ji²² jyt² ji²² sɐp² ŋ²³ jet²

Èr yuè èrshíwǔ rì

过年　　我哋　都　冇
kwɔ³³ nin²¹ ŋɔ²³ tei²² tou⁵⁵ mou²³
休息。
jeu⁵⁵ sek⁵

过年 我们　都 没 休息。
Guònián wǒmen dōu méi xiūxi.

二月　二十六　日
ji²² jyt² ji²² sɐp² lok² jet²

Èr yuè èrshíliù rì

我　　后日　就　要
ŋɔ²³ heu²² jet⁵ tseu²² jiu³³
翻工　啦。
fan⁵³ koŋ⁵³ la⁵⁵

我　后天 就 要 上 班
Wǒ hòutiān jiù yào shàng bān
了。
le.

二月 二十七 日
ji²²jyt²·ji²²sep²ts'et⁵jet²

Èr yuè èrshíqī rì

二月 二十八 日
ji²²jyt²·ji²²sep²pat³jet²

Èr yuè èrshíbā rì

重（仲） 有 几 日 就 要
tsoŋ²² jeu²³ kei³⁵ jet⁵ tseu²² jiu³³

翻 学校 啦。
fan⁵³hɔk²hau²²la³³

还 有 几 天 就 要 回
Hái yǒu jǐ tiān jiù yào huí

学校 了。
xuéxiào le.

玩 得 开心 啲 啦。
wan³⁵ tek⁵ hɔi⁵³sem⁵³ ti⁵⁵ la⁵⁵

玩儿 得 开心 点儿 吧。
Wán(r) de kāixin diǎn(r) ba.

## 生 词 表

1. 习俗 tsap²tsok²　　　　　　　习俗 xísú

2. 一封 jet⁵foŋ⁵³　　　　　　　一个 yí ge、一封 yì fēng

3. 利是 lei²²(lei²²)si²²　　　　　红包儿 hóngbāo(r)

4. 瓜子 kwa⁵³tsi³⁵　　　　　　　瓜子儿 guāzǐ(r)

5. 糖果 t'ɔŋ²¹kwɔ³⁵　　　　　　糖果 tángguǒ

6. 初二 ts'ɔ⁵³ji²²　　　　　　　初二 chū'èr

7. 开年 hɔi⁵³nin²¹　　　　　　　开年 kāinián（广州习俗，年
　　　　　　　　　　　　　　　　初一吃素，年初二吃荤，叫
　　　　　　　　　　　　　　　　开年）

8. 请 ts'ɛŋ³⁵　　　　　　　　　请 qǐng

9. 嚟 lei²¹　　　　　　　　　　来 lái

— 27 —

10. 汤圆　t'ɔŋ⁵³jyn²¹⁻³⁵　　元宵　yuánxiāo

11. 休息　jeu⁵⁵sek⁵　　休息　xiūxi

12. 后日　heu²²jet²　　后天　hòutiān

13. 就　tseu²²　　就　jiù

14. 翻工　fan⁵³koŋ⁵³　　上班　shàng bān

15. 学校　hɔk²hau²²　　学校　xuéxiào

16. 得　tek⁵（助词）　　得　de（助词）

17. 开心　hɔi⁵³sem⁵³　　开心　kāixīn

# 三月 三月
sam⁵³ jyt² Sān yuè


# 三月　三月
sam$^{53}$ jyt$^2$　Sān yuè

## 上旬　　　上旬
sœŋ$^{22}$ts'∅n$^{21}$　Shàngxún

## 介绍　同事　　介绍　同事
kai$^{33}$siu$^{22}$ t'oŋ$^{21}$si$^{22}$　Jièshào tóngshì

---

三　月　一　日
sam$^{53}$jyt$^2$ jɐt$^5$ jɐt$^2$

Sān　yuè　yī　rì

三　月　二　日
sam$^{53}$jyt$^2$ ji$^{22}$ jɐt$^2$

Sān　yuè　èr　rì

---

介绍　你　识下　我　嘅
kai$^{33}$siu$^{22}$ nei$^{23}$ sek$^5$ha$^{23}$ ŋo$^{23}$ kɛ$^{33}$
同事。
t'oŋ$^{21}$si$^{22}$

介绍　你　认识　一　下儿　我
Jièshào nǐ rènshi yí xià(r) wǒ
的　同事。
de tóngshì.

呢位　　系　　杨经理。
nei$^{55}$wei$^{35}$ hei$^{22}$ joŋ$^{21}$keŋ$^{53}$lei$^{23}$

这位　是　杨经理。
Zhèwèi shì Yáng jīnglǐ.

| | |
|---|---|
| 三月三日<br>sam⁵³jyt² sam⁵³jɛt²<br><br>Sān yuè sān rì | 吖 位 系　李秘书。<br>kɔ³⁵wei³⁵hei²²lei²³pei³³sy⁵⁵<br><br>那位是　李秘书。<br>Nàwèi shì Lǐ mìshū. |

**三月三日**
$sam^{53}jyt^2\ sam^{53}jɛt^2$

Sān yuè sān rì

吖　位　系　李秘书。
$kɔ^{35}wei^{35}hei^{22}lei^{23}pei^{33}sy^{55}$

那位是　李秘书。
Nàwèi shì Lǐ mìshū.

**三月四日**
$sam^{53}jyt^2\ sei^{33}jɛt^2$

Sān yuè sì rì

畀　一　张　　咭片
$pei^{35}jɛt^5\ tsœŋ^{53}\ k'ɐt^5p'in^{22\text{-}35}$

你。
$nei^{23}$

给你一张　名片儿。
Gěi nǐ yì zhāng míngpiàn(r).

**三月五日**
$sam^{53}jyt^2\ ŋ^{23}jɛt^2$

Sān yuè wǔ rì

请　多　关照。
$ts'ɛŋ^{35}tɔ^{53}kwan^{53}tsiu^{33}$

请　多　关照。
Qǐng duō guānzhào.

**三月六日**
$sam^{53}jyt^2\ lok^2jɛt^2$

Sān yuè liù rì

识得　你　好　高兴。
$sek^5tɐk^5nei^{23}hou^{35}kou^{53}heŋ^{33}$

认识　你很　高兴。
Rènshi nǐ hěn gāoxìng.

**三月七日**
$sam^{53}jyt^2\ ts'ɐt^5jɛt^2$

Sān yuè qī rì

请　你　留低　地址。
$ts'ɛŋ^{35}nei^{23}lɐu^{21}tɐi^{53}tei^{22}tsi^{35}$

请　你留下　地址。
Qǐng nǐ liúxià dìzhǐ.

**三月八日**
$sam^{53}jyt^2\ pat^3jɛt^2$

Sān yuè bā rì

今日　　系　　"三八"
$kɐm^{53}jɛt^2\ hei^{22}\ sam^{53}pat^3$

妇女节,　　女同志
$fu^{35}nøy^{23}tsit^3\ nøy^{23}t'oŋ^{21}tsi^{33}$

去晒　开　茶话
$høy^{33}sai^{33}hɔi^{53}ts'a^{21}wa^{22}$

<table>
<tr><td>

国 际 妇 女 节
kwɔk³ tsei³³fu²³nʊy²³tsit³

国际　妇女节
Guójì Fùnǚ Jié

</td></tr>
</table>

三　月　九　日
sam⁵³jyt²keu³⁵jet²

Sān　yuè　jiǔ　rì

三　月　十　日
sam⁵³jyt²sep²jet²

Sān　yuè　shí　rì

会　嘞。
wui²²⁻³⁵lak³

今天　是　"三八"　妇女节，
Jīntiān　shì　"Sānbā"　Fùnǚ Jié,

女　同志　全　去　开
nǚ　tóngzhì　quán　qù　kāi

茶话会　了。
cháhuàhuì　le.

边位　系　会计师？
pin⁵⁵wei²²⁻³⁵hei²²wui²²kei³³si⁵⁵

哪位　是　会计师？
Nǎwèi shì kuàijìshī?

坐　　响　　　前便
tsʻɔ²³　hœŋ³⁵　tsʻin²¹pin²²

吥位　就　系。
kɔ³⁵wei²²⁻³⁵tsei²²hei²²

坐　在　前面儿　那位就
Zuò zài qiánmiàn(r) nàwèi jiù

是。
shì.

## 生　词　表

1. 三月 sam⁵³jyt²　　　　　三月 sān yuè

2. 同事 tʻoŋ²¹si²²　　　　　同事 tóngshì

3. 杨 jœŋ²¹（姓）　　　　　杨 Yáng（姓）

4. 经理 keŋ⁵³lei²³　　　　　经理 jīnglǐ

5. 李 lei²³（姓）　　　　　李 Lǐ（姓）

6. 秘书 pei³³sy⁵⁵　　　　　秘书 mìshū

7. 一张 $je t^5 tsœŋ^{53}$ | 一张 yì zhāng

8. 咭片 $k'e t^5 p'in^{22-35}$（英文 card）| 名片儿 míngpiàn(r)

9. 多 $tɔ^{53}$ | 多 duō

10. 关照 $kwan^{53}tsiu^{33}$ | 关照 guānzhào

11. 高兴 $kou^{53}heŋ^{33}$ | 高兴 gāoxìng

12. 留低 $leu^{21}tei^{53}$ | 留下 liúxià

13. 地址 $tei^{22}tsi^{35}$ | 地址 dìzhǐ

14. "三八"妇女节 $sam^{53}pat^3 fu^{23}n\emptyset y^{23}$ $tsit^3$ | "三八"妇女节 "Sānbā" Fùnǚ Jié

15. 女同志 $n\emptyset y^{23}t'oŋ^{21}tsi^{33}$ | 女同志 nǚ tóngzhì

16. 去哂 $h\emptyset y^{33}sai^{33}$ | 全去 quán qù

17. 茶话会 $ts'a^{21}wa^{22}wui^{22-35}$ | 茶话会 cháhuàhuì

18. 边位 $pin^{55}wei^{22-35}$ | 哪位 nǎwèi

19. 会计师 $wui^{22}kei^{33}si^{55}$ | 会计师 kuàijìshī

20. 坐 $ts'ɔ^{23}$ | 坐 zuò

21. 前便 $ts'in^{21}pin^{22}$ | 前面儿 qiánmian(r)

中旬　　　中旬
soŋ⁵³ts'Øn²¹　Zhōngxún


询问　　　询问
sØn⁵³men²²　Xúnwèn


三　月　十一　日
sam⁵³jyt²sɐp²jɐt⁵jɐt²

Sān　yuè　shíyī　rì

三　月　十二　日
sam⁵³jyt²sɐp²ji²²jɐt²

Sān　yuè　shí'èr　rì

三　月　十三　日
sam⁵³jyt²sɐp²sam⁵³jɐt²

Sān　yuè　shísān　rì


吴先生　　系　边度　人？
ŋ²¹sin⁵³saŋ⁵³hei²²pin⁵⁵tou²²jɐn²¹

吴先生　　是　哪里　人？
Wú xiānsheng shì nǎli rén?

佢　系　上海　人。
k'Øy²³hei²²sœŋ²²hɔi³⁵jɐn²¹

他　是　上海　人。
Tā shì Shànghǎi rén.

胡小姐　　嚟　　咗
wu²¹siu³⁵tsɛ³⁵　lei²¹　tsɔ³⁵

广州　　几耐　呀？
kwɔŋ³⁵tsɐu⁵³kei³⁵nɔi²²a³³

胡小姐　来　广州　多久
Hú xiǎojie lái Guǎngzhōu duōjiǔ

了？
le?


— 33 —

三 月 十四 日
sam⁵³ jyt² sɐp² sei³³ jɐt²

Sān yuè shísì rì

佢　　嗒嗒　　　　嚟
k'øy²³　　ŋam⁵⁵ ŋam⁵⁵　　hei³⁵

香港　嚟。
hœŋ⁵³ kɔŋ³⁵ lei²¹

她　　刚刚　从　　香港
Tā gānggāng cóng Xiānggǎng
来。
lái.

三 月 十五 日
sam⁵³ jyt² sɐp² ŋ²³ jɐt²

Sān yuè shíwǔ rì

你哋　　公司　有　几多
nei²³ tei²² kɔŋ⁵⁵ si⁵⁵ jɐu²³ kei³⁵ tɔ⁵⁵

职员?
tsek⁵ jyn²¹

你们　公司　有　多少
Nǐmen gōngsī yǒu duōshao
职员?
zhíyuán?

三 月 十六 日
sam⁵³ jyt² sɐp² lok² jɐt²

Sān yuè shíliù rì

每　个　月　有　几多
mui²³ kɔ³³ jyt² jɐu²³ kei³⁵ tɔ⁵⁵

薪水?
sɐn⁵³ søy³⁵

每　个　月　有　多少
Měi ge yuè yǒu duōshao
工资
gōngzī?

三 月 十七 日
sam⁵³ jyt² sɐp² ts'ɐt⁵ jɐt²

Sān yuè shíqī rì

八百　文　度。
pat³ pak³ mɐn⁵⁵ tou³⁵

八百　元　左右。
Bābǎi yuán zuǒyòu.

— 34 —

三　月　十　八　日
sam⁵³ jyt² sep² pat³ jet²

Sān　yuè　shíbā　rì

三　月　十　九　日
sam⁵³ jyt² sep² keu³⁵ jet²

Sān　yuè　shíjiǔ　rì

三　月　二十　日
sam⁵³ jyt² ji²² sep² jet²

Sān　yuè　èrshí　rì

一　个　礼拜　要　翻　几
jet⁵ kɔ³³ lei²³ pai³³ jiu³³ fan⁵³ kei³⁵

日　工?
jet² koŋ⁵³

一　个　星期　要　上　几　天
Yí　ge　xīngqī　yào　shàng　jǐ　tiān
班?
bān?

逢　　礼拜六　　下昼
foŋ²¹ lei²³ pai³³ lok² ha²² tseu³³

同埋　　礼拜日
t'oŋ²¹ mai²¹ lei²³ pai³³ jet²

唞工。
t'eu³⁵ koŋ⁵³

逢　　星期六　下午　和
Féng　xīngqīliù　xiàwǔ　hé
星期天　休息。
xīngqītiān　xiūxi.

每　个　星期　要　上
mui²³ kɔ³³ seŋ⁵³ k'ei²¹ jiu³³ sœŋ²³
五　天　半　班
ŋ²³ t'in⁵³ pun³³ pan⁵⁵

每　个　星期　要　上　五　天
Měi　ge　xīngqī　yào　shàng　wǔ　tiān
半　班。
bàn bān.

## 生　词　表

1. 询问 sɵn⁵³ men²²　　　　询问 xúnwèn

2. 吴 ŋ̩²¹（姓）　　　　　　　　　　吴 Wú（姓）

3. 上海 sœŋ²²hɔi³⁵（专名）　　　　　上海 Shànghǎi（专名）

4. 胡 wu²¹（姓）　　　　　　　　　胡 Hú（姓）

5. 广州 kwɔŋ³⁵tsɐu⁵³　　　　　　　广州 Guǎngzhōu（专名）

6. 几耐 kei³⁵nɔi²²　　　　　　　　多久 duōjiǔ

7. 啱啱 ŋam⁵⁵ŋam⁵⁵　　　　　　　刚刚 gānggāng

8. 香港 hœŋ⁵³kɔŋ³⁵　　　　　　　香港 Xiānggǎng（专名）

9. 几多 kei³⁵tɔ⁵⁵　　　　　　　　多少 duōshao

10. 职员 tsek⁵jyn²¹　　　　　　　　职员 zhíyuán

11. 薪水 sɐn⁵³sɵy³⁵　　　　　　　工资 gōngzī

12. 八百文 pat³pak³mɐn⁵⁵　　　　　八百元 bābǎi yuán

13. 度 tou³⁵　　　　　　　　　　左右 zuǒyòu

14. 礼拜 ɬei²³pai³³　　　　　　　　星期 xīngqī

15. 礼拜六 ɬei²³pai³³lok²　　　　　星期六 xīngqīliù

16. 下昼 ha²²tsɐu³³　　　　　　　下午 xiàwǔ

17. 同埋 tʻoŋ²¹mai²¹　　　　　　　和 hé

18. 礼拜日 ɬei²³pai³³jɐt²　　　　　星期天 xīngqītiān

19. 逢 foŋ²¹　　　　　　　　　　逢 féng

20. 啋工 tʻɐu³⁵koŋ⁵³　　　　　　　休息 xiūxi

21. 五天 ŋ̩²³tʻin⁵³　　　　　　　　五天 wǔ tiān

22. 半 pun³³　　　　　　　　　　半 bàn

## 下旬　　下旬
ha²²ts'∅n²¹　Xiàxún

## 买口野　　购物
ma²³jɛ²³　Gòuwù

三 月 二十一 日
sam⁵³jyt²ji²²sɐp²jɛt⁵jɛt²

Sān yuè èrshíyī rì

先生， 你 想 买 啲
sin⁵³saŋ⁵³ nei²³ sœŋ³⁵ mai²³ ti⁵⁵

乜嘢 呀？
mɛt⁵jɛ²³a³³

先生， 你 想 买 些
Xiānsheng, nǐ xiǎng mǎi xiē

什么？
shénme?

三 月 二十二 日
sam⁵³jyt²ji²²sɐp²ji²jɛt²

Sān yuè èrshí'èr rì

你 睇下 呢亭 货
nei²³ t'ei³⁵ha²³ nei⁵⁵t'ɐŋ²¹⁻³⁵ fɔ³³

啱 唔 啱？
ŋam⁵⁵m²¹ŋam⁵⁵

你 看 一 下儿 这 种 货
Nǐ kàn yí xià(r) zhè zhǒng huò

合适 不 合适？
héshì bù héshì?

三 月 二十三 日
sam⁵³jyt²ji²²sɐp²sam⁵³jɛt²

Sān yuè èrshísān rì

咁 多 花款 任 你
kɐm³³ tɔ⁵³ fa⁵⁵fun³⁵ jɐm²² nei²³

拣。
kan³⁵

— 37 —

那么 多 花样 任 你
Nàme duō huāyàng rèn nǐ

挑选。
tiāoxuǎn.

### 三月 二十四 日
sam⁵³ jyt² ji²² sæp² sei³³ jet²

Sān yuè èrshísì rì

呢啲 都 系
nei⁵⁵ti⁵⁵ tou⁵⁵ hei²²

抢手货, 又 平
ts'œŋ³⁵seu³⁵fɔ³³ jeu²² p'ɛŋ²¹

又 靓。
jeu²²lɛŋ³³

这些 都 是 畅销货,
Zhèxiē dōu shì chàngxiāohuò,

又 便宜 又 好看。
yòu piányi yòu hǎokàn.

### 三月 二十五 日
sam⁵³ jyt² ji²² sæp² ŋ̩²³ jet²

Sān yuè èrshíwǔ rì

小姐, 唔该 拎 件
siu³⁵tsɛ³⁵ m̩²¹kɔ⁵³ leŋ⁵³ kin²²

恤衫 畀 我 试下。
sɵt⁵san⁵⁵ pei³⁵ ŋɔ²³ si³³ ha²³

小姐，劳驾拿一件衬衣
Xiǎojie, láojià ná yí jiàn chènyī

给 我 试 一 下儿。
gěi wǒ shì yí xià(r).

### 三月 二十六 日
sam⁵³ jyt² ji²² sæp² lok² jet²

Sān yuè èrshíliù rì

要 乜嘢 色水 㗎?
jiu³³ met⁵jɛ²³ sek⁵sɵy³⁵ ka³³

要 什么 颜色 的?
Yào shénme yánsè de?

三　月　二十七　日
sam⁵³ jyt² ji²²sep²ts'et⁵jet²

Sān　yuè　èrshíqī　rì

红色　同　蓝色　都
hoŋ²¹ sek⁵ t'oŋ²¹ lam²¹ sek⁵ tou⁵⁵
得。
tek⁵

红色　和蓝色　都可以。
Hóngsè hé lánsè dōu kěyǐ.

三　月　二十八　日
sam⁵³ jyt²ji²²sep²pat³jet²

Sān　yuè　èrshíbā　rì

呢　条　裤　长　得滞。
nei⁵⁵t'iu²¹fu³³ts'œŋ²¹tek⁵tsei²²
这　条　裤子　太　长。
Zhè tiáo kùzi tài cháng.

三　月　二十九　日
sam⁵³ jyt²ji²²sep²keu³⁵jet²

Sān　yuè　èrshíjiǔ　rì

吟　件　大楼　款式　好
kɔ³⁵kin²²tai²²leu²²fun³⁵sek⁵hou³⁵
新潮。
sen⁵³ts'iu²¹

那　件　大衣　款式　很
Nà jiàn dàyī kuǎnshì hěn
时髦。
shímáo.

三　月　三十　日
sam⁵³ jyt²sam⁵³sep²jet²

Sān　yuè　sānshí　rì

有　冇　中号　㗎？
jeu²³mou²³tsoŋ⁵³hou²² ka³³

有　没有　中号　的？
Yǒu méiyǒu zhōnghào de?

三　月　三十一　日
sam⁵³ jyt²sam⁵³sep²jet⁵jet²

Sān　yuè　sānshíyī　rì

剩翻　大号　同埋
seŋ²²fan⁵³ tai²²hou²² t'oŋ²¹mai²¹
细号，　中号　嘅□
sei³³hou³³tsoŋ⁵³hou²²kɛ³³hem²²

嶄 哈 卖 哂 嘞。
paŋ²² laŋ²² mai²² sai³³ lak³

剩下 大号 和 小号,
Shèngxià dàhào hé xiǎohào,

中号 的 通通 卖完
zhōnghào de tōngtōng màiwán

了。
le.

# 生 词 表

1. 买嘢 ma²³jɛ²³            购物 gòuwù

2. 睇 t'ei³⁵            看 kàn

3. 呢亭 nei⁵⁵t'eŋ²¹⁻³⁵       这种 zhè zhǒng

4. 啱 ŋam⁵⁵（形容词）     合适 héshì

5. 咁 kɐm³³            那么 nàme

6. 花款 fa⁵⁵fun³⁵         花样 huāyàng

7. 任 jɐm²²            任 rèn

8. 拣 kan³⁵            挑选 tiāoxuǎn

9. 又 jɐu²²            又 yòu

10. 平 p'ɛŋ²¹           便宜 piányi

11. 拎 leŋ⁵³           拿 ná

12. 件 kin²²           件 jiàn

13. 恤衫 sØt⁵sam⁵⁵（英文 shirt）   衬衣 chènyī

14. 试 si³³            试 shì

15. 色水 sek⁵sØy³⁵       颜色 yánsè

— 40 —

16. 红色 hoŋ²¹sek⁵ 　　　　　　　红色 hóngsè

17. 蓝色 lam²¹sek⁵ 　　　　　　　蓝色 lánsè

18. 得 tek⁵（助动词） 　　　　　　可以 kěyǐ

19. 条 t'iu²¹ 　　　　　　　　　条 tiáo

20. 长 ts'œŋ²¹ 　　　　　　　　长 cháng

21. 裤 fu³³ 　　　　　　　　　　裤子 kùzi

22. 得滞 tek⁵tsei²²（副词） 　　　太 tài

23. 大褛 tai²²leu⁵⁵ 　　　　　　　大衣 dàyī

24. 新潮 sen⁵³ts'iu²¹ 　　　　　　时髦 shímáo

25. 中号 tsoŋ⁵³hou²² 　　　　　　中号 zhōnghào

26. 口㗎 ka³³（语气词） 　　　　　的呢 de ne

27. 剩翻 seŋ²²fan⁵³（语气词） 　　剩下 shèngxià

28. 大号 tai²²hou²² 　　　　　　　大号 dàhào

29. 细号 sei³³hou²² 　　　　　　　小号 xiǎohào

30. 冚唪唥 hem²²paŋ²²laŋ²² 　　　通通 tōngtōng

31. 卖 mai²² 　　　　　　　　　　卖 mài

# 四月　四月
sei³³ jyt² Sì yuè

## 上旬　上旬
soœŋ²² ts'Øn²¹ Shàngxún

## 约会　约会
jœk³wui²² Yuēhuì

**四月一日**
sei³³ jyt² jɐt⁵ jɐt²

Sì yuè yī rì

小周，　呢个　礼拜日
siu³⁵tsɐu⁵⁵ nei⁵⁵kɔ³³ lɐi²³pai³³ jɐt²

你　得　唔得　闲？
nei²³tɐk⁵ m²¹ tɐk⁵ han²¹

小周，　这个　星期天　你
Xiǎo Zhōu, zhège xīngqītiān nǐ

有　没　有　空儿？
yǒu méi yǒu kòng(r)?

**四月二日**
sei³³ jyt² ji²² jɐt²

Sì yuè èr rì

我哋　约埋　啲　老友
ŋɔ²³tei²² jœk³mai²¹ ti⁵⁵ lou²³jɐu²³

去　东方乐园　玩
hØy³³tɔŋ⁵³fɔŋ⁵³ lɔk²jyn²¹ wan³⁵

好 唔 好?
hou³⁵ m²¹ hou³⁵

我们 约一些 老 朋友
Wǒmen yuē yìxiē lǎo péngyou

到 东方 乐园 去 玩儿
dào Dōngfāng Lèyuán qù wán(r)

好 不 好?
hǎo bu hǎo?

## 四月三日
sei³³ jyt² sam⁵³ jet²

Sì yuè sān rì

我 约 咗 朋友 去
ŋɔ²³ jœk³ tsɔ³⁵ p'eŋ²¹ jeu²³ høy³³

越秀 公园 影
jyt² seu³³ kɔŋ⁵³ jyn²¹⁻³⁵ jeŋ³⁵

相。
sœŋ³³⁻³⁵

我 约了 朋友 去 越秀
Wǒ yuēle péngyou qù Yuèxiù

公园 照相。
Gōngyuán zhàoxiàng.

## 四月四日
sei³³ jyt² sei³³ jet²

Sì yuè sì rì

我 哋 单位 有
ŋɔ²³ tei²² tan⁵⁵ wei²²⁻³⁵ jeu²³

活动, 我 唔 得 闲
wut² tɔŋ²² ŋɔ²³ m²¹ tɐk⁵ han²¹

去 嘞。
høy³³ lak³

我们 单位 有 活动,
Wǒmen dānwèi yǒu huódòng,

我 没 空儿 去 了。
wǒ méi kòng(r) qù le.

**四 月 五 日**

sei³³ jyt² ŋ̩²³ jet²

Sì yuè wǔ rì

今日　　系　　清明节，
kɐm⁵³ jet² hei²² ts'ɐŋ⁵³ mɐŋ²¹ tsit³

约埋　　大佬　　去　　拜
jœk² mai²¹ tai²² lou³⁵ hθy³³ pai³³

山　扫　墓。
san⁵³ sou³³ mou²²

今天　是　　清明节，　　约了
Jīntiān shì Qīngmíng Jié, yuēle

哥哥　去　扫墓。
gēge qù sǎo mù.

**四 月 六 日**

sei³³ jyt² lok² jet²

Sì yuè liù rì

我　　想　　约　　你　　一齐
ŋɔ²³ sœŋ³⁵ jœk³ nei²³ jet⁵ ts'ɐi²¹

去　　　　白云山，　　　可以
hθy³³ pak² wɐn²¹ san⁵³ hɔ³⁵ ji²³

登高　　　　　　　远望
tɐŋ⁵³ kou⁵³　　　　jyn²³ mɔŋ²²

广州市　　嘅　风景。
kwɔŋ⁵³ tsɐu⁵³ si⁵³ kɛ³³ foŋ⁵³ kɐŋ³⁵

我　　想　　约　　你　一起　去
Wǒ xiǎng yuē nǐ yìqǐ qù

白云山，　　可以　　登高
Báiyún Shān, kěyǐ dēnggāo

远　望　　广州市　　的
yuǎn wàng Guǎngzhōu Shì de

风景。
fēngjǐng.

**四 月 七 日**

sei³³ jyt² ts'ɐt⁵ jet²

Sì yuè qī rì

今晚　　我　　请　　你
kɐm⁵³ man²³ ŋɔ²³ ts'ɐŋ⁵³ nei²³

睇　电影　好　嘛?
t'ei³⁵ tin²² jeŋ³⁵ hou³⁵ ma²³

今晚 我 请 你 看 电影
Jīnwǎn wǒ qǐng nǐ kàn diànyǐng

好 吗?
hǎo ma?

## 四月八日
sei³³ jyt² pat³ jet²

Sì　yuè　bā　rì

　　天河体育馆
t'in⁵³ hɔ²¹ t'ei³⁵ jok² kun³⁵

　今晚　　　　　　　　有
kem⁵³ man²³　　　　　jeu²³

　　演唱会,　　　我　有
jin³⁵ ts'œŋ³³ wui²²⁻³⁵　ŋɔ²³ jeu²³

　两　张　飞*, 你　去　唔
lœŋ²³ tsœŋ⁵⁵ fei⁵⁵ nei²³ h∅y³³ m̩²¹

去　听　呀?
h∅y³³ t'ɛŋ⁵³ a³³

天河体育馆　　今晚　有
Tiānhé Tǐyùguǎn　jīnwǎn　yǒu

演唱会,　我　有　两
yǎnchànghuì,　wǒ　yǒu　liǎng

张　票, 你 去 不 去 听 啊?
zhāng piào, nǐ qù bu qù tīng a?

## 四月九日
sei³³ jyt² keu³⁵ jet²

Sì　yuè　jiǔ　rì

　听晚　　　　七点半
t'eŋ⁵³ man²³　　ts'ɐt⁵ tim³⁵ pun³³

　去　　　　卡拉 OK 厅
h∅y³³　　　k'a⁵⁵ lai⁵⁵ OK t'ɛŋ⁵⁵

　唱歌　好　嘛?
ts'œŋ²³ kɔ⁵⁵ hou³⁵ ma³³

— 45 —

## 四月 十日
sei$^{33}$ jyt$^2$ sɐt$^2$ jet$^2$

### Sì yuè shí rì

明晚　　　七点半　　去
Míngwǎn　　qī diǎn bàn　　qù

卡拉OK厅　唱歌　好吗?
kǎlāOK tīng chànggē hǎo ma?

我 嗨　　 歌厅　　 门口
ŋɔ$^{23}$ hei$^{35}$ kɔ$^{55}$t'ɛŋ$^{55}$ mun$^{21}$heu$^{35}$

等 你,　　 千祈　　 咪
teŋ$^{35}$ nei$^{23}$ ts'in$^{53}$k'ei$^{21}$ mei$^{23}$

迟到。
ts'i$^{21}$tou$^{33}$

我 在 歌厅　门口　等 你,
Wǒ zài gētīng ménkǒu děng nǐ,

千万　　别　迟到。
qiānwàn　bié chídào.

## 生 词 表

1. 四月 sei$^{33}$jyt$^2$      四月 sì yuè

2. 约会 jœk$^3$wui$^{22}$      约会 yuēhuì

3. 小周 siu$^{35}$tsɐu$^{55}$      小周 Xiǎo Zhōu

4. 得闲 tek$^5$han$^{21}$      有空儿 yǒu kòng(r)

5. 唔得闲 m$^{21}$tek$^5$han$^{21}$      没空儿 méi kòng(r)

6. 老友 lou$^{23}$jɐu$^{23}$      老朋友 lǎo péngyou

7. 东方乐园 toŋ$^{53}$fɔŋ$^{53}$lɔk$^2$jyn$^{21}$      东方乐园 Dōngfāng Lèyuán
     (专名)

8. 越秀公园 jyt$^2$sɐu$^{33}$koŋ$^{53}$jyn$^{21\text{-}35}$      越秀公园儿
     Yuèxiù Gōngyuán (r)
     (专名)

9. 影相 jeŋ³⁵ sœŋ³³⁻³⁵　　　　照相 zhào xiàng

10. 单位 tan⁵⁵ wei²²⁻³⁵　　　　单位 dānwèi

11. 活动 wut²toŋ²²　　　　活动 huódòng

12. 清明节 tsʻeŋ⁵³meŋ²¹tsit³　　　清明节 Qīngmíng Jié(专名)

13. 大佬 tai²²lou³⁵　　　　哥哥 gēge

14. 拜山 pai³³san⁵³　　　　拜扫 bàisǎo

15. 扫墓 sou³³mou²²　　　　扫墓 sǎomù

16. 一齐 jet⁵tsʻei²¹　　　　一起 yìqǐ

17. 白云山 pak²weŋ²¹san⁵³　　　白云山 Báiyún Shān(专名)

18. 可以 hɔ³⁵ji²³　　　　可以 kěyǐ

19. 登高远望 tɐŋ⁵³kou⁵³jyn²³mɔŋ²²　　登高远望

　　　　　　　　　　　dēnggāo yuǎn wàng

20. 广州市 kwɔŋ⁵³tsɐu⁵³si²³　　　广州市 Guǎngzhōu Shì（专名）

21. 风景 foŋ⁵³keŋ³⁵　　　　风景 fēngjǐng

22. 电影 tin²²jeŋ³⁵　　　　电影 diànyǐng

23. 天河体育馆 tʻin⁵³hɔ²¹tʻɐi³⁵jok²kun³⁵　天河体育馆

　　　　　　　　　　　Tiānhé Tǐyùguǎn(专名)

24. 演唱会 jin³⁵tsʻœŋ³³wui²²⁻³⁵　演唱会 yǎnchànghuì

25. 飞*fei⁵⁵(英文 fare)　　　票 piào

26. 听 tʻɛŋ⁵³　　　　听 tīng

27. 七点半 tsʻɐtʻet⁵tim³⁵pun³³　七点半 qī diǎn bàn

28. 卡拉OK厅 kʻaʻ⁵⁵lai⁵⁵okt ʻɛŋ⁵⁵　卡拉OK厅 kǎlāOK tīng

29. 唱歌 tsʻœŋ³³kɔ⁵⁵　　　唱歌 chànggē

30. 歌厅 kɔ⁵⁵tʻɛŋ⁵⁵　　　　歌厅 gētīng

31. 门口 mun²¹heu³⁵                门口 ménkǒu

32. 等 teŋ³⁵                         等 děng

33. 千祈 ts'in⁵³k'ei²¹              千万 qiānwàn

34. 咪 mei²³                        别 bié

35. 迟到 ts'i²¹tou³³               迟到 chídào


## 中　旬　　中旬
## tsoŋ⁵³ts'∅n²¹　Zhōngxún


### 邀请　　同　　婉拒
### jiu⁵³ts'eŋ³⁵t'oŋ²¹jyn³⁵k'∅y⁵³


## 邀请　与　婉拒
## Yāoqǐng yǔ Wǎnjù


四　月　十　一　日　　　呢个　　　　月底　　　　我哋
sei³³jyt²sɐp²jɐt⁵jɐt²　　nei⁵⁵ko³³　　jyt²tɐi³⁵　　ŋɔ²³tɐi²²

Sì　yuè　shíyī　rì　　　铺头　　　　　　　开张，
　　　　　　　　　　　p'ou³³t'ɐu²¹⁻³⁵　　hɔi⁵³tsœŋ⁵³

　　　　　　　　　　　请　你　去　剪　彩。
　　　　　　　　　　ts'ɛŋ³⁵nei²³h∅y³³tsin³⁵ts'ɔi³⁵

这个 月底 我们 商店
Zhège yuèdǐ wǒmen shāngdiàn

开业，请 您 去 剪 彩。
kāiyè, qǐng nín qù jiǎn cǎi.

## 四月十二日
sei³³ jyt² sɐp² ji²² jɐt²

### Sì yuè shí'èr rì

礼拜五 老板 生日，
lei²³ pai³³ ŋ²³ lou²³ pan³⁵ saŋ⁵³ jɐt²

佢 请 大家 去
k'Øy²³ ts'ɛŋ³⁵ tai²² ka⁵⁵ hØy³³

大三元酒家 食
tai²² sam⁵³ jyn²¹ tseu³⁵ ka⁵⁵ sek²

晚饭。
man²³ fan²²

星期五 老板 过 生日，
Xīngqīwǔ lǎobǎn guò shēngri,

他 请 大家 去
tā qǐng dàjiā qù

大三元酒家 吃 晚饭。
Dàsānyuán Jiǔjiā chī wǎnfàn.

## 四月十三日
sei³³ jyt² sɐp² sam⁵³ jɐt²

### Sì yuè shísān rì

今晚 我哋 单位
kem⁵³ man²³ ŋ²³ tei²² tan⁵⁵ wei³⁵

开 舞会， 请 你
kɔi⁵³ mou²³ wui²²⁻³⁵ ts'ɛŋ³⁵ nei²³

带 埋 拍㧱* 去
tai³³ mai²¹ p'ak⁵ na³⁵⁻²¹ hØy³³

参加。
ts'am⁵³ ka⁵³

今晚 我们 单位 开
Jīnwǎn wǒmen dānwèi kāi

舞会，请 你 带 舞伴儿 去
wǔhuì, qǐng nǐ dài wǔbàn(r) qù

参加。
cānjiā.

四　月　十　四　日
sei³³ jyt² sep² sei³³ jet²

Sì　yuè　shísì　rì

我　　家姐　　第　个　月
ŋɔ²³ ka⁵⁵ tsɛ³⁵⁻⁵⁵ tei²² kɔ³³ jyt²

结婚，　想　　请　你　做
kit³ fen⁵³ sœŋ³⁵ ts'ɛŋ³⁵ nei²³ tsou²²

伴娘。
pun²² nœŋ²¹

我　姐姐　下　个　月　　结婚，
Wǒ　jiějie　xià　ge　yuè　jiéhūn,

想　　请　你　做　　伴娘。
xiǎng　qǐng　nǐ　zuò　bànniáng.

四　月　十　五　日
sei³³ jyt² sep² ŋ²³ jet²

Sì　yuè　shíwǔ　rì

真　可惜，　我　有　事　唔
tsen⁵³ hɔ³⁵ sek⁵ ŋɔ²³ jeu²³ si²² m̩²¹

去　得。
hɵy³³ tek⁵

真　可惜，　我　有　事儿　不
Zhēn　kěxī,　wǒ　yǒu　shì(r)　bù

能　去。
néng　qù.

四　月　十　六　日
sei³³ jyt² sep² lok² jet²

Sì　yuè　shíliù　rì

对　唔住，　我　唔　　得闲
tɵy³³ m̩²¹ tsy²² ŋɔ²³ m̩²¹ tek⁵ han²¹

去。
hɵy³³

对　不起，我　没　空儿　去。
Duì　bu　qǐ,　wǒ　méi　kòng(r)qù.

四　月　十　七　　日
sei³³ jyt² sep² ts'et⁵ jet²

Sì　yuè　shíqī　rì

今日　我　有　啲　嘢　未
kem⁵³ jet² ŋɔ²³ jeu²³ ti⁵⁵ jɛ²³ mei²²

做　晒，　第日　至　去
tsou²² sai³³ tei²² jet⁵ tsi³³ hɵy³³

— 50 —

啦。
la⁵⁵

今天　我　有　些　事儿　没
Jīntiān wǒ yǒu xiē shì(r) méi
做完，改天再去吧。
zuòwán, gǎitiān zài qù ba.

## 四月 十八 日
sei³³ jyt² sɐp² pat³ jet²

Sì yuè shíbā rì

我　好　想　去，但　系
ŋɔ²³ hou³⁵ sœŋ³⁵ hØy³³ tan²² hei²²

夜晚　要　炒更，有
jɛ²²man²³ jiu³³ ts'au³⁵ kaŋ⁵³ mou²³
法子 甩身。
fat³ tsi³⁵ let⁵ sɐn⁵⁵

我　很　想　去，但是
Wǒ hěn xiǎng qù, dànshì
晚上　要　加班，没办法
wǎnshang yào jiābān, méi bànfǎ
抽身。
chōushēn.

## 四月 十九 日
sei³³ jyt² sɐp² kɐu³⁵ jet²

Sì yuè shíjiǔ rì

真系　唔　好意思，我
tsɐn⁵³ hei²² m̩²¹ hou³⁵ ji³³ si⁵³ ŋɔ²³
唔　想　去。
m̩²¹ sœŋ³⁵ hØy³³

真是　不　好意思，我　不
Zhēnshi bù hǎoyìsi, wǒ bù
想 去。
xiǎng qù.

## 四月 二十 日
sei³³ jyt² ji²² sɐp² jet²

Sì yuè èrshí rì

到　时　如果　得闲，我
tou³³ si²¹ jy²¹ kwɔ³⁵ tek⁵ han²¹ ŋɔ²³

会　去　嘅。
wui²³ hØy³³ kɛ³³.

到　时候　如果　有　空儿，
Dào shíhou rúguǒ yǒu kòng(r),
我　会　去　的。
wǒ huì qù de.

## 生　词　表

1. 邀请 jiu⁵³ts'eŋ³⁵　　　　　　邀请 yāoqǐng

2. 婉拒 jyn³⁵k'∅y⁵³　　　　　　婉拒 wǎnjù

3. 月底 jyt²ʨi³⁵　　　　　　　月底 yuèdǐ

4. 铺头 p'ou³³t'ɐu²¹⁻³⁵　　　　　商店 shāngdiàn

5. 开张 hɔi⁵³tsœŋ⁵³　　　　　　开业 kāiyè

6. 剪彩 tsin³⁵ts'ɔi³⁵　　　　　剪彩 jiǎncǎi

7. 礼拜五 ɬei²³pai³³ŋ̩²³　　　　星期五 xīngqīwǔ

8. 老板 lou²³pan³⁵　　　　　　老板 lǎobǎn

9. 生日 saŋ⁵³jet²　　　　　　　生日 shēngri

10. 大三元酒家 tai²²sam⁵³jyn²¹ tsɐu³⁵　大三元酒家
　　　ka⁵⁵　　　　　　　　　Dàsānyuán Jiǔjiā（专名）

11. 晚饭 man²³fan²²　　　　　　晚饭 wǎnfà

12. 舞会 mou²³wui²²⁻³⁵　　　　　舞会 wǔhuì

13. 带埋 tai³³mai²¹　　　　　　带 dài

14. 拍哂 *p'ak⁵na³⁵⁻²¹（英文 partner）　舞伴儿 wǔbàn(r)

15. 参加 ts'am⁵³ka⁵³　　　　　　参加 cānjiā

16. 家姐 ka⁵⁵tsɛ³⁵⁻⁵⁵　　　　　姐姐 jiějie

17. 第个月 ʨi²²kɔ³³jyt²　　　　下个月 xià ge yuè

18. 结婚 kit³fe n⁵³        结婚 jiéhūn

19. 做 tsou²²        做 zuò

20. 伴娘 pun²²nœŋ²¹        伴娘 bànniáng

21. 真 tse n⁵³        真 zhēn

22. 可惜 hɔ³⁵sek⁵        可惜 kěxī

23. 有事 jeu²²si²²        有事儿 yǒushì(r)

24. 唔去得 m²¹hØy³³tek⁵        不能去 bù néng qù

25. 对唔住 tØy³³m²¹tsy²²        对不起 duì bu qǐ

26. 嘢 jɛ²³        事情 shìqing，东西 dōngxi

27. 第日 tei²²jet²        改天 gǎitiān

28. 至 tsi³³        再 zài

29. 但系 tan²²hei²²        但是 dànshì

30. 夜晚 jɛ²²man²³        晚上 wǎnshang

31. 炒更 ts'au³⁵kaŋ⁵³        加班 jiā bān

32. 法子 fat³tsi³⁵        办法 bànfǎ

33. 甩身 let⁵se n⁵⁵        抽身 chōushēn

34. 真系 tse n⁵³hei²²        真是 zhēnshi

35. 唔好意思 m²¹hou³⁵ji³³si⁵³        不好意思 bù hǎoyìsi

36. 到时 tou³³si²¹        到时候 dào shíhou

37. 如果 jy²¹kwɔ³⁵        如果 rúguǒ

38. 会 wui²³（助动词）        会 huì

# 下 旬　　下旬
ha²²ts'∅n²¹　Xiàxún

## 接 待　　接待
tsip³t'oi²²　Jiēdài

---

四 月　二十一　日 | 欢迎　　各位　　嚟
sei³³ jyt² ji²² sɐp² jet⁵ jet² | fun⁵³jeŋ²¹　kɔk³wei²²⁻³⁵　lɐi²¹

Sì yuè èrshíyī rì | 参观!
 | ts'am⁵³kun⁵³
 | 欢迎　各位　来　参观!
 | Huānyíng gèwèi lái cānguān!

四 月　二十二　日 | 请　　你哋　　入去
sei³³ jyt² ji²² sɐp² ji²² jet² | ts'ɛŋ³⁵　nei²³tei²²　jɐp²³h∅y³³

Sì yuè èrshí'èr rì | 客厅　　坐下　　先 啦。
 | hak³t'ɛŋ⁵⁵ ts'ɔ²³ha²³ sin⁵⁵ la⁵⁵
 | 请 你们 先 进 客厅 坐
 | Qǐng nǐmen xiān jìn kètīng zuò
 | 一 下儿 吧。
 | yí xià(r) ba.

四 月　二十三　日 | 　随便　　坐, 饮 杯
sei³³ jyt² ji²² sɐp² sam⁵³ jet² | ts'∅y²¹pin²²⁻³⁵ ts'ɔ²³ jɐm³⁵ pui⁵³

Sì yuè èrshísān rì | 茶 啦。
 | ts'a²¹la⁵⁵
 | 随便 坐, 喝杯茶吧。
 | Suíbiàn zuò, hē bēi chá ba.

四　月　二十四　日
sei³³ jyt²² ji²² sep² sei² je t²

Sì yuè èrshísì rì

林经理　　等　一阵
lem²¹ keŋ⁵³ lei²³ teŋ⁵³ je t⁵ tsen²²

就　嘞。
tseu²² lei²¹

林经理　等　一会儿　就来。
Lín jīnglǐ děng yíhuì(r) jiù lái.

四　月　二十五　日
sei³³ jyt²² ji²² sep² ŋ⁵ je t²

Sì yuè èrshíwǔ rì

我　嘞　介绍　一下　本
ŋɔ²³ lei²¹ kai³³ siu²² je t⁵ ha²³ pun³⁵

公司　嘅　情况。
koŋ⁵⁵ si⁵⁵ kɛ³³ ts'eŋ²¹ fɔŋ³³

我　来　介绍　一下儿　本
Wǒ lái jièshào yíxià(r) běn
公司　的　　　情况。
gōngsī de qíngkuàng.

四　月　二十六　日
sei³³ jyt²² ji²² sep² lok² je t²

Sì yuè èrshíliù rì

请　　大家　　提　多　啲
ts'ɛŋ³⁵ tai²² ka⁵⁵ t'ei²¹ tɔ⁵⁵ ti⁵⁵

宝贵　　意见。
pou³⁵ kwei³³ ji³³ kin³³

请　大家　多　提　一些　宝贵
Qǐng dàjiā duō tí yìxiē bǎoguì
意见。
yìjiàn.

四　月　二十七　日
sei³³ jyt²² ji²² sep² ts'e t⁵ je t²

Sì yuè èrshíqī rì

对　　本　　公司　　嘅
tøy³³ pun³⁵ koŋ⁵⁵ si⁵⁵ kɛ³³
商品　　质量　　满　唔
sœŋ⁵³ pen³⁵ tse t⁵ lœŋ²² mun²³ m̩²¹

满意？
mun²³ ji³³

对本公司　的　商品
Duì běn gōngsī de shāngpǐn

四 月 二 十 八 日

sei³³ jyt² ji²² sɐp² pat³ jet²

Sì yuè èrshíbā rì

质量　满　不　满意？
zhìliàng mǎn bu mǎnyì?

欢迎　　　　大家　　　　嚟
fun⁵³ jeŋ²¹　　tai²² ka⁵⁵　　lei²¹

参加　　　　　大酬宾
ts'am⁵³ ka⁵³　　tai²² tseu²¹ pen⁵³

展销会。
tsin³⁵ siu⁵³ wui²²⁻³⁵

欢迎　大家　来　参加
Huānyíng dàjiā lái cānjiā
大酬宾　展销会。
dàchóubīn zhǎnxiāohuì.

四 月 二 十 九 日

sei³³ jyt² ji²² sɐp² keu³⁵ jet²

Sì yuè èrshíjiǔ rì

请　大家　多　帮衬。
ts'ɛŋ³⁵ tai²² ka⁵⁵ tɔ⁵³ pɐŋ⁵³ ts'ɐn³³

请大家多　光顾。
Qǐng dàjiā duō guānggù.

四 月 三 十 日

sei³³ jyt² sam⁵³ sɐp² jet²

Sì yuè sānshí rì

招呼　唔　周到，　请
kiu⁵³ fu⁵³　m²¹　tseu²² tou³³　ts'ɛŋ³⁵

唔　好　见怪。
m²¹ hou³⁵ kin³³ kwai³³

招待　不　周到，　请
Zhāodài bù zhōudào, qǐng
原谅。
yuánliàng.

## 生 词 表

1. 接待 tsip³ tɔi²²　　　　接待 jiēdài

2. 欢迎 fun⁵³ jeŋ²¹　　　　欢迎 huānyíng

3. 各位 kɔk³ wei²²⁻³⁵　　　各位 gèwèi

4. 参观 ts'am⁵³ kun⁵³　　　参观 cānguān

— 56 —

5. 入去 iep²hØy³³　　　　　　　进去 jìnqu

6. 客厅 hak⁵t'εŋ⁵⁵　　　　　　客厅 kètīng

7. 随便 ts'Øy²¹pin²²⁻³⁵　　　随便 suíbiàn

8. 饮 iem³⁵　　　　　　　　喝 hē

9. 杯 pui⁵³（量词）　　　　　杯 bēi

10. 茶 ts'a²¹　　　　　　　　茶 chá

11. 林 lem²¹（姓）　　　　　　林 Lín

12. 一阵 iet⁵tsen²²　　　　　一会儿 yíhuì（r）

13. 本公司 pun³⁵koŋ⁵⁵si⁵⁵　　本公司 běn gōngsī

14. 情况 ts'eŋ²¹foŋ³³　　　　情况 qíngkuàng

15. 提 t'ei²¹　　　　　　　　提 tí

16. 意见 ji³³kin³³　　　　　　意见 yìjiàn

17. 宝贵 pou³⁵kwei³³　　　　　宝贵 bǎoguì

18. 商品 sœn⁵³pen³⁵　　　　　商品 shāngpǐn

19. 质量 tset⁵lœŋ²²　　　　　质量 zhìliàng

20. 满意 mun²³ji³³　　　　　　满意 mǎnyì

21. 参加 ts'am⁵³ka⁵³　　　　　参加 cānjiā

22. 大酬宾 tai²²ts'eu²¹pen⁵³　　大酬宾 dàchóubīn

23. 展销会 tsin³⁵siu⁵³wui²²⁻³⁵　展销会 zhǎnxiāohuì

24. 帮衬 poŋ⁵³ts'en³³　　　　　光顾 guānggù

25. 招呼 kiu⁵³fu⁵³　　　　　　招待 zhāodài

26. 周到 tseu⁵³tou³³　　　　　周到 zhōudào

27. 唔好见怪 m²¹hou³⁵kin³³kwai³³　原谅 yuánliàng

# 五月　五月
ŋ²³jyt² Wǔ yuè

## 上　旬　　上旬
sœŋ²²ts'∅n²¹ Shàngxún

## 探朋友　　探望朋友
t'am³³p'en²¹jeu²³ Tànwàng péngyou

### 五月一日
ŋ²³jyt²jet⁵jet²

Wǔ yuè yī rì

国际劳动节
kwɔk³tsɐi³³lou²¹toŋ²²tsit³
国际劳动节
Guójì Láodòng Jié

"五一"　劳动节　放假
ŋ²³jet⁵lou²¹toŋ²²ts'it³fɔŋ³³ka³³

有乜　消遣呀？
jeu²³met⁵siu⁵³hin³⁵a³³

"五一"　劳动节　放假有
"Wǔyī" Láodòng Jié fàngjià yǒu

什么　消遣啊？
shénme xiāoqiǎn a?

想　去　揾　朋友
sœŋ³⁵h∅y³³wen³⁵p'ɐŋ²¹jeu²³

— 58 —

倾下 偈。
k'eŋ⁵³ ha²³ kei³⁵

想 去 找 朋友 聊聊
Xiǎng qù zhǎo péngyou liáoliao

天儿。
tiān(r).

## 五月二日
ŋ̩²³ jyt² ji²² je t²

Wǔ yuè èr rì

彭先生 喺 唔 喺
p'aŋ²¹ sin⁵³ saŋ⁵³ hei³⁵ m̩²¹ hei³⁵

度 呀？
tou²² a³³

彭先生 在 不 在？
Péng xiānsheng zài bu zài?

哦，系 老刘， 乜 咁
ŋ̩²¹ hei²² lou²³ ɬeu²¹ met⁵ kem³³

错荡 呀？ 请 入嚟
ts'ɔ³³ tɔŋ²² a³³ ts'ɛŋ³⁵ jep² ɬei²¹

坐 啦。
t'sɔ²³ la⁵⁵

啊，是 老刘， 什么 风 把
À, shì Lǎo Liú, shénme fēng bǎ

你 吹来 啦？请 进来 坐 吧。
nǐ chuīlái la? qǐng jìnlái zuò ba.

## 五月三日
ŋ̩²³ jyt² sam⁵³ je t²

Wǔ yuè sān rì

请 饮 茶。食 唔 食
ts'ɛŋ³⁵ jem³⁵ ts'a²¹ sek⁵ m̩²¹ sek²

烟？
jin⁵⁵

请 喝茶。 抽 不 抽 烟？
Qǐng hē chá. Chōu bu chōu yān?

我 少 食 （我 唔 食）。
ŋɔ²³ siu³⁵ sek² (ŋɔ²³ m²¹ sek²)

我 很 少 抽
Wǒ hěn shǎo chōu
（我 不 抽）。
(Wǒ bù chōu).

呢排 忙 啲 也嘢 呀?
nei⁵⁵p'ai²¹ mɔŋ²¹ti⁵⁵ met⁵ jɛ²³ a³³

这 阵子 忙 些 什么
Zhè zhènzi máng xiē shénme
呢?
ne?

出去 推销 货,
ts'∅⁵h∅y³³ t'∅y⁵³siu⁵³ fɔ³³
啱啱 出差
ŋam⁵⁵ ŋam⁵⁵ ts'∅t⁵ts'ai⁵³
翻嚟。
fan⁵³lei²¹

出去 推销 货物 刚刚
Chūqu tuīxiāo huòwù gānggāng
出差 回来。
chūchāi huílai.

呢啲 系 我 嚟 北京
hei⁵⁵ti⁵⁵ hei²² ŋɔ²³ hei³⁵ pek⁵keŋ⁵³

带 翻嚟 嘅 手信,
tai³³ fan⁵³lei²¹ kɛ³³ seu³⁵ s∅n³³

送畀 伯母,
sɔŋ³³pei³⁵ pak³mou²³

## 五 月 四 日
ŋ̩²³ jyt² sei³³ jet²

Wǔ yuè sì rì

青年节
ts'eŋ⁵³nin²¹tsit³
青年节
Qīngnián Jié

## 五 月 五 日
ŋ̩²³ jyt² ŋ̩²³ jet²

Wǔ yuè wǔ rì

湿湿碎， 唔 成 敬意。
sɐp⁵sɐp⁵s∅y³³ m² sɛŋ²¹ kɛŋ³³ji³³

这些 是 我 从 北京 带
Zhèxiē shì wǒ cóng Běijīng dài

回来 的 小 礼物， 送 给
huílai de xiǎo lǐwù, sòng gěi

伯母，小意思，不 成 敬意。
bómǔ, xiǎoyìsi, bù chéng jìngyì.

## 五 月 六 日
ŋ̩²³jyt²lok²jet²

Wǔ yuè liù rì

咁 破费， 你 真系
kɐm³³ p'ɔ³³fei³³ nei²³ tsɛn⁵³hei²²

有心。
jeu²³sɐm⁵³

那么 花费，谢谢 你 的 心意。
Nàme huāfèi, xièxie nǐ de xīnyì.

老友鬼鬼 使乜
lou²³jeu²³kwei³⁵kwei³⁵ sei³⁵met⁵

咁 客气 喎。
kɐm³³hak³hei³³wɔ³³

老 朋友 用 不 着
Lǎo péngyou yòng bu zháo

那么 客气 啊。
nàme kèqi a.

## 五 月 七 日
ŋ̩²³jyt²ts'ɐt⁵jet²

Wǔ yuè qī rì

食 咗 晏 至 走 好
sek²tsɔ³⁵an³³tsi³³tseu³⁵hou²³

嘛？唔啱，我 请 你
ma³³m²¹ŋam⁵⁵ŋɔ²³ts'ɛŋ³⁵nei²³

— 61 —

去　饮　　中午茶　　啦。
hø y³³ jɐm³⁵ tsoŋ⁵³ ŋ̩²³ tsʻa²¹ la⁵⁵

吃了 午饭 再 走 好 吗？
Chīle wǔfàn zài zǒu hǎo ma?

要不，我 请 你 去 吃
yàobù, wǒ qǐng nǐ qù chī

　中午　茶点 吧。
zhōngwǔ chádiǎn ba.

## 五月²八³日²
ŋ̩²³ jyt² pat³ jɐt²

**Wǔ yuè bā rì**

我 话落 翻（返）屋企
ŋɔ²³ wa²² lɔk² fan⁵³ ok⁵ kʻei²³

食 饭 㗎，第时 至 嚟
sɛk² fan²² ka³³ tɐi²² si²¹ tsi³³ lɐi²¹

啦。
la⁵⁵

我 说 好 回家 吃饭 的，
Wǒ shuōhǎo huíjiā chīfàn de,

改天 再 来 吧。
gǎitiān zài lái ba.

母亲节
mou²³ tsʻɐn⁵³ tsit³

母亲节
Mǔqīn Jié

## 五月²九³日²
ŋ̩²³ jyt² kɐu³⁵ jɐt²

**Wǔ yuè jiǔ rì**

伯母， 我 扯 啦， 得
pak³ mou²³ ŋɔ²³ tsʻɛ³⁵ la³³ tɐk⁵

闲 嚟 我 屋企
han²¹ lɐi²¹ ŋɔ²³ ok⁵ kʻei²³⁻³⁵

坐下 啦。
tsʻɔ²³ ha²³ la⁵⁵

伯母，我 回去了，有 空儿
Bómǔ, wǒ huíqule, yǒu kòng(r)

# 五月 十 日

ŋ²³jyt² sep² jet²

## Wǔ yuè shí rì

来 我 家 坐坐 吧。
lái wǒ jiā zuòzuo ba.

好声 行！
hou²³sɛŋ⁵⁵haŋ²¹

唔使 送 啦， 拜拜
m̩²¹sei³⁵ soŋ³³ la³³ pai²²⁻⁵⁵pai²²

（再见）！
(tsɔi³³kin³³)

慢走！
Mànzǒu!

不必 送 了，再见！
Búbì sòng le, zàijiàn!

## 生 词 表

1. 五月 ŋ²³jyt²          五月 wǔ yuè

2. 探 t'am³³           探望 tànwàng

3. "五一"劳动节 ŋ²³jet⁵lou²¹toŋ²²   "五一"劳动节 "Wǔyī"
   ts'it²              Láodòng  Jié（专
                      名）

4. 消遣 siu⁵³hin³⁵       消遣 xiāoqiǎn

5. 揾 wen³⁵            找 zhǎo

6. 倾偈 k'eŋ⁵³kei³⁵      聊天儿 liáo tiān(r)

7. 彭 p'aŋ²¹（姓）        彭 Péng（姓）

8. 老刘 lou²³leu²¹        老刘 Lǎo Liú

9. 错荡 ts'ɔ³³toŋ²¹（客套话）   什么风 shénme fēng

10. 食烟 sek²jin⁵⁵　　　　　　　　抽烟 chōu yān

11. 少食 siu²³sek²（客套语，表示不抽）　　很少抽 hěn shǎo chōu

12. 出去 tsʻøtʰøy³³　　　　　　　出去 chūqu

13. 推销 tʻøy⁵³siu⁵³　　　　　　　推销 tuīxiāo

14. 出差 tsʻøtʰtsʻai⁵³　　　　　　出差 chūchāi

15. 翻口嚟 fan⁵³ɬei²¹　　　　　　　回来 huílai

16. 北京 pɐk⁵keŋ⁵³　　　　　　　北京 Běijīng（专名）

17. 手信 sɐu³⁵søn³³　　　　　　　小礼物 xiǎo lǐwù

18. 伯母 pak³mou²³　　　　　　　伯母 bómǔ

19. 唔成敬意 m̩²¹seŋ²¹keŋ³³ji³³　　不成敬意 bù chéng jìngyì

20. 破费 pʻɔ³³fei³³　　　　　　　花费 huāfèi

21. 老友鬼鬼 lou²³jɐu²³kwɐi³⁵kwɐi³³　老朋友 lǎo péngyou

22. 使乜 sɐi³⁵mɛt⁵　　　　　　　用不着 yòng bu zháo

23. 晏 an³³（晏昼饭 an³³tsɐu³³fan³³的省　午饭 wǔfàn
　　略语）

24. 话落 wa²²lɔk²　　　　　　　说好 shuōhǎo

25. 第时 tɐi²²si²¹　　　　　　　改天 gǎitiān

26. 扯 tsʻɛ³⁵　　　　　　　　　回去 huíqu

27. 好声行 hou³⁵sɛŋ⁵⁵haŋ²¹　　　慢走 màn zǒu

28. 拜*拜* pai²²⁻⁵⁵pai²²（英文 good-　再见 zàijiàn
　　bye）

29. 再见 tsɔi³³kin³³　　　　　　　再见 zàijiàn

中旬 中旬
tsoŋ⁵³ts'ɵn²¹ Zhōngxún

过生日 过生日
kwɔ³³saŋ⁵³jet² Guò shēngri

五 月² 十 一 日
ŋ²³jyt²sɐp²jet⁵jet²

Wǔ yuè shīyī rì

广州 人 点解
kwɔŋ³⁵tsɐu⁵³jen²¹tim³⁵kai³⁵

叫 生日 做 "牛一"?
kiu³³saŋ⁵³jet²tsou²²ŋɐu²¹jet⁵

广州 人 为 什么 把
Guǎngzhōu rén wèi shénme bǎ

生日 叫做 "牛一"?
shēngri jiàozuò "niúyī"?

将 个 "生" 字 拆开
tsœŋ⁵³kɔ³³saŋ⁵³tsi²²ts'ak³hɔi⁵³

就 系 "牛一" 啦。
tsɐu²²hei²²ŋɐu²¹jet⁵la⁵⁵

把 那个 "生" 字 拆开
Bǎ nàge "shēng" zì chāikāi

就是 "牛一" 了。
jiù shì "niúyī" le.

你 几时 生日 呀?
nei²³kei³⁵si²¹saŋ⁵³jet²a³³

五 月² 十 二 日
ŋ²³jyt²sɐp²ji²²jet²

— 65 —

Wǔ yuè shí'èr rì

你 什么 时候 过 生日
Nǐ shénme shíhou guò shēngri

啊？
a?

五 月 十八。
ŋ²³ jyt² sɐp² pat³
  i

五 月 十八。
Wǔ yuè shíbā.

五月 十三 日
ŋ²³ jyt² sɐp² sam⁵³ jɐt²
  i

Wǔ yuè shísān rì

系 新历 定 旧历？
hei²² sɐn⁵³ lek² teŋ²² keu²² lek² ·

是 阳历 还是 农历？
Shì yánglì háishi nónglì?

新历。 你 话 点 过
sɐn⁵³ lɛk² nei²³ wa²² tim³⁵ kwɔ²²

生日 好 呢？
saŋ⁵³ jɐt² hou³⁵ nɛ⁵⁵

阳历。 你 说 怎样 过
Yánglì. Nǐ shuō zěnyàng guò
生日 好 呢？
shēngri hǎo ne?

五月 十四 日
ŋ²³ jyt² sɐp² sei³³ jɐt²
  i

Wǔ yuè shísì rì

可以 叫埋 班 老友
hɔ³⁵ ji²³ kiu²³ mai²¹ pan⁵³ lou²³ jɐu²³

记 去 屋 企
kei³³ hØy³³ ok⁵ k'ei²³⁻³⁵

唱下 心水 歌，
ts'œŋ³³ ha²³ sɐm⁵³ sØy²³ kɔ⁵⁵

开开心心 嗽
hɔi⁵³ hɔi⁵³ sɐm⁵³ sɐm⁵³ kɐm³⁵

玩下。
wan²³ ha²³

可以　　叫　　一　　群　　老
Kěyǐ jiào yì qún lǎo
朋友们　　　　到　　　家里
péngyoumen dào jiāli
　唱唱　合　心意的　歌儿,
chàngchang hé xīnyì de gē(r),
　开开心心　　　　　地
kāikai-xīnxin de
玩儿玩儿。
wán(r) wan(r)

# 五月 十五 日

ŋ²³jyt²sɐp²ŋ²³jet²

Wǔ yuè shíwǔ rì

　莫姑娘　　生日　送　啲
mɔk²ku⁵³nœŋ²¹saŋ⁵³jet²soŋ²²ti⁵⁵

　乜嘢　礼物　畀　佢
met⁵jɛ²³lei²³met²pei³⁵k'Øy²³

好　呢?
hou³⁵nɛ⁵⁵

　莫小姐　　生日　送　些
Mò xiǎojie shēngri sòng xiē
什么　礼物　给　她　好　呢?
shénme lǐwù gěi tā hǎo ne?
　送　一　盒　　生日
soŋ³³jet⁵hep²saŋ⁵³jet²

　蛋糕　　　　　同埋
tan²²kou⁵⁵t'oŋ²¹mai²¹
　生日咭　啦。
saŋ⁵³jet²k'et⁵la⁵⁵

　送　一　盒儿　生日　蛋糕　和
Sòng yì hé(r)shēngri dàngāo hé
生日卡　吧。
shēngrikǎ ba.

## 五 月 十六 日

ŋ̩²³ jyt² sep² lok² jet²

Wǔ yuè shíliù rì

我　阿嫲　　今年　　　系
ŋɔ²³ a³³ma²¹ kem⁵³nin²¹ hei²²

九十　岁　大寿。
keu³⁵sep²sɵy³³ tai²²seu²²

我　奶奶　今年　是　九十　岁
Wǒ nǎinai jinnián shì jiǔshí suì

大寿。
dàshòu.

送　一　盒　寿面　畀
soŋ³³ jet⁵ hep² seu²²min²² pei³⁵

佢，　　老人家　　食
k'ɵy²³　lou²³jen²¹ka⁵³　sek²

最　啱。
tsɵy³³ŋam⁵⁵

送　一　盒儿　寿面　给　她
Sòng yì hé(r) shòumiàn gěi tā

老人家　吃　最　合适。
lǎorénjiā chī zuì héshì.

## 五 月 十七 日

ŋ̩²³ jyt² sep² ts'et⁵ jet²

Wǔ yuè shíqī rì

亲戚　　　朋友　　都
ts'en⁵⁵ts'ek⁵ p'en²¹jeu²³ tou⁵⁵

嚟齐，　同　你　拜寿。
lei²¹ts'ei²¹ t'oŋ²¹nei²³pai³³seu²²

亲戚　朋友　都　到齐了，给
Qīnqī péngyou dōu dàoqíle, gěi

您　拜寿。
nín bàishòu.

— 68 —

五 月 十八 日
ŋi²³ jyt² sɐp² pat³ jɐt²

Wǔ yuè shíbā rì

祝 你 生日 快乐，
tsok⁵ nei²³ saŋ⁵³ jɐt² fai³³ lɔk²

长命百岁！
ts'œŋ²¹ mɐŋ²² pak³ sØy³³

祝 您 生日 快乐， 健康
Zhù nín shēngri kuàilè, jiànkāng

长寿！
chángshòu!

五 月 十九 日
ŋi²³ jyt² sɐp² keu³⁵ jɐt²

Wǔ yuè shíjiǔ rì

祝 你 年年 有
tsok⁵ nei²³ nin²¹ nin²¹ jeu²³

今日， 岁岁 有
kɐm⁵³ jɐt² sØy³³ sØy³³ jeu²³

今朝！
kɐm⁵³ tsiu⁵³

祝 您 年年 有 今日，
Zhù nín niánnián yǒu jīnrì,

岁岁 有 今朝！
suìsuì yǒu jīnzhāo!

五 月 二十 日
ŋi²³ jyt² ji²² sɐp² jɐt²

Wǔ yuè èrshí rì

大家 送 咁 多 礼物
tai²² ka³³ soŋ³³ kɐm⁵³ tɔ⁵³ lei²³ mɐt²

畀我，多 谢 晒！
pei³⁵ ŋɔ²³ tɔ⁵³ tsɛ²² sai³³

大家 送 那么 多 礼物 给
Dàjiā sòng nàme duō lǐwù gěi

我，太 感谢 了。
wǒ, tài gǎnxiè le.

# 生 词 表

1. 过生日 kwɔ³³saŋ⁵³jet²       过生日 guò shēngri

2. 广州人 kwɔŋ³⁵tseu⁵³jen²¹    广州人 Guǎngzhōu rén

3. 点解 tim³⁵kai³⁵          为什么 wèi shénme

4. 牛一 ŋeu²¹jet⁵          牛一 niúyī

5. 将 tsœŋ⁵³              把 bǎ

6. 字 tsi²²                字 zì

7. 拆开 ts'ak³hɔi⁵³       拆开 chāikāi

8. 几时 kei³⁵si²¹        什么时候 shénme shíhou

9. 新历 sen⁵³lek²        阳历 yánglì

10. 定 teŋ²²             还是 háishi

11. 旧历 keu²²lek²       农历 nónglì

12. 话 wa²²（动词）     说 shuō

13. 点 tim³⁵            怎样 zěnyàng

14. 可以 hɔ³⁵ji²³       可以 kěyǐ

15. 班 pan⁵³（量词）     群 qún

16. 老友记 lou²³jeu²³kei³³   老朋友们 lǎo péngyoumen

17. 心水歌 sem⁵³søy³⁵kɔ⁵⁵   合心意的歌儿 héxīnyì de gē(r)

18. 开开心心 hɔi⁵³hɔi⁵³sem⁵³sem⁵³   开开心心 kāikaixīnxīn

19. 噉 kem³⁵           地 de，那样 nàyàng

20. 莫 mɔk² (姓)      莫 Mò (专名)

21. 姑娘 ku⁵³nœŋ²¹      姑娘 gūniang, 小姐 xiǎojie

22. 礼物 ɬei²³met²      礼物 lǐwù

23. 盒 hep² (量词)      盒儿 hé(r)

24. 蛋糕 tan²²kou⁵⁵      蛋糕 dàngāo

25. 生日咭 seŋ⁵³ʲet²kʻet⁵      生日卡 shēngrikǎ

26. 阿嫲 a³³ma²¹      奶奶 nǎinai

27. 九十岁 keu³⁵sep²sØy³³      九十岁 jiǔshí suì

28. 大寿 tai²²seu²²      大寿 dàshòu

29. 寿面 seu²²min²²      寿面 shòumiàn

30. 老人家 lou²³ʲen²¹ka⁵³      老人家 lǎorénjia

31. 最 tsØy³³      最 zuì

32. 嚟齐 ɬei²¹tsʻei²¹      到齐 dàoqí

33. 拜寿 pai³³seu²²      拜寿 bàishòu

34. 长命百岁 tsʻœŋ²¹mɛŋ²²pak³sØy³³      长寿 chángshòu

35. 年年 nin²¹nin²¹      年年 niánnián

36. 岁岁 sØy³³sØy³³      岁岁 suìsuì

37. 今朝 kem⁵³tsiu⁵³      今朝 jīnzhāo

打电话　　　打电话
ta³⁵tin²²wa²²⁻³⁵Dǎ diànhuà

五月　二十一　日
ŋ̩²³jyt²ji²²sɐp⁵jɛt⁵jɛt²

Wǔ yuè èrshíyī rì

中山大学　　　　　　嘅
tsoŋ⁵⁵san⁵⁵tai²²hɔk²　kɛ³³

电话　　系　几多　号
tim²²wa²²⁻³⁵hɐi²²kei³⁵tɔ⁵⁵hou²²

呀?　　唔该　　借　　个
a³³　m̩²¹kɔi⁵³　tsɛ³³　kɔ³³

电话簿　　　　　　　我
tin²²wa²²⁻³⁵pou²²⁻³⁵　ŋɔ²³

查下。
ts'a²¹ha²²⁻³⁵

中山大学　　的　电话
Zhōngshān Dàxué de diànhuà
是　多少　号?劳驾借一
shì duōshao hào?Láojià jiè yí
个　电话簿　给我查一
ge diànhuàbù gěi wǒ chá yí
下儿。
xià(r).

五月　二十二　日
ŋ̩²³jyt²ji²²sɐp²ji²²jɛt²

Wǔ yuè èrshí'èr rì

我　想　打　外线，点打
ŋɔ²³sœŋ³⁵ta³⁵ŋɔi²²sin³³tim³⁵ta³⁵

法?
fat³

我　想　打　外线，怎么打
Wǒ xiǎng dǎ wàixiàn,zěnme dǎ

啊？
a?

先 拨 个 9 字。
sin⁵³ put² kɔ³³ kɐu³⁵ tsi²²

先 拨 一个 9 字。
Xiān bō yí ge jiǔ zì.

## 五月 二十三 日
ŋ̩²³ jyt² ji²² sɐp² sam⁵³ jet²

Wǔ yuè èrshísān rì

喂，你 系 边位？
wei³⁵ nei²³ hei²² pin⁵⁵ wei²²⁻³⁵

揾 边个？
wen³⁵ pin⁵⁵ kɔ³³

喂，你是 哪位？找 谁？
Wèi, nǐ shì nǎwèi? zhǎo shuí?

梁厂长 嘅係 唔 嘅係
lœŋ²¹ ts'ɔŋ³⁵ tsœŋ³⁵ hei³⁵ m̩²¹ hei³⁵

度？
tou²²

梁厂长 在 吗？
Liáng chǎngzhǎng zài ma?

## 五月 二十四 日
ŋ̩²³ jyt² ji²² sɐp² sei³³ jet²

Wǔ yuè èrshísì rì

佢 唔 嘅係 处。 你
k'øy²³ m̩²¹ hei²² ts'y³³ nei²³

贵姓？ 请 留低
kwei³³ seŋ³³ ts'ɛŋ³⁵ lɐu²¹ tei⁵³

电话 号码 啦。
tin²² wa²²⁻³⁵ hou²¹ ma²³ la⁵⁵

他 不 在 这里。您 贵姓？
Tā bú zài zhèli. Nín guìxìng?

— 73 —

请 留下 电话 号码 吧。
Qǐng liúxia diànhuà hàomǎ ba.

## 五月 二十五 日

ŋ²³jyt²ji²²sɐp²ŋ²³jet²

Wǔ yuè èrshíwǔ rì

中国旅行社　　　嘛?
tsoŋ⁵³kwɔk³lØy²³heŋ²¹sɛ²³ma²³

唔该　　叫　　司徒明
m̩²¹kɔ⁵³　kiu³³　si⁵³t'ou²¹meŋ²¹

先生　听　电话。
sin⁵³saŋ⁵³t'ɛŋ⁵³tin²²wa²²⁻³⁵

中国旅行社　吗? 劳驾
Zhōngguó Lǚxíngshè ma? Láojià

叫　司徒明　先生　听
jiào Sītú Míng xiānsheng tīng

电话。
diànhuà.

请　等　一阵。
ts'ɛŋ³⁵teŋ³⁵jet⁵tsɐn²²

请　等　一会儿。
Qǐng děng yíhuì(r).

## 五月 二十六 日

ŋ²³jyt²ji²²sɐp²lok²jet²

Wǔ yuè èrshíliù rì

佢　喏喏　　出咗
k'Øy²³ŋam⁵⁵ŋam⁵⁵ts'Øt⁵tsɔ³⁵

去,　下昼　再　打嚟
hØy³³ha²²tseu³³tsɔi³³ta³⁵lei²¹

啦。
la⁵⁵

他　刚刚　出去　了, 下午
Tā gānggāng chūqu le, xiàwǔ

再 打来 吧。
zài dǎ lái ba.

— 74 —

**五 月　二十七　日**

ŋ²³jyt²ji²²sep²tsʻet⁵jet²

Wǔ yuè èrshíqī rì

**五 月　二十八　日**

ŋ²³jyt²ji²²sep²pat³jet²

Wǔ yuè èrshíbā rì

**五 月　二十九　日**

ŋ²³jyt²ji²²sep²keu³⁵jet²

Wǔ yuè èrshíjiǔ rì

---

暨南大学　　　　　嘛?
kʻei³³nam²¹tai²hɔk²²　ma³³

请　　转　　衿 206
tsʻeŋ³⁵ tsyn³⁵ ma⁵⁵ ji²²leŋ²¹lok²

(2206)。
(ji²²ji²²leŋ²¹lok²)

暨南大学　吗? 请　　转
Jìnán Dàxué ma? Qǐng zhuǎn

2206。
èrèrlíngliù.

我　　想　　打　　长途
ŋɔ²³ sœŋ³⁵ ta³⁵ tsʻœŋ²¹tʻou²¹

电话,　　边度　　有　　得
tin²²wa²²⁻³⁵ pin⁵⁵tou²² jeu²³ tek⁵

打?
ta³⁵

我　想　打　长途　电话,
Wǒ xiǎng dǎ chángtú diànhuà,

哪里　可以　打?
nǎli kěyǐ dǎ?

去　　总机室　　打啦。
hØy³³tsoŋ³⁵kei⁵⁵ set⁵ta⁵³la⁵⁵

到　总机室　去　打吧。
Dào zǒngjīshì qù dǎ ba.

你　要　打　　国内
nei²³ jiu³³ ta³⁵ kwɔk³nɔi²²

长途　　电话　咩?
tsʻœŋ²¹tʻou²¹tim²²wa²²⁻³⁵mɛ⁵⁵

你　要　打　国内　长途
Nǐ yào dǎ guónèi chángtú

电话　吗?
diànhuà ma?

---

唔 系， 系 打 国际
$m^{21}$ $hei^{22}$ $hei^{22}$ $ta^{35}$ $kwɔk^3$ $tsɐi^{33}$

长途。
$t'œŋ^{21}t'ou^{21}$

不是，是打国际 长途。
Bú shì, shì dǎ guójì chángtú.

## 五月 三十 日
$ŋ^{23}jyt^2 sam^{53}sɐp^2 jɐt^2$

Wǔ yuè sānshí rì

办公室 嘅 电话
$pan^{22}koŋ^{55}sɐt^5$ $kɛ^{33}$ $tin^{22}wa^{22-35}$

系$^{22}$ 唔 系 程控
$hei^{22}$ $m^{21}$ $hei^{22}$ $ts'ɐŋ^{21}hoŋ^{33}$

电话?
$tin^{22}wa^{22-35}$

办公室 的 电话 是 不
Bàngōngshì de diànhuà shì bu

是 程控 电话?
shì chéngkòng diànhuà?

系， 可以 直 拨 外线
$hei^{22}$ $hɔ^{35}ji^{23}$ $tsek^2$ $put^2$ $ŋɔi^{22}sin^{33}$

是，可以直拨 外线。
Shì, kěyǐ zhí bō wàixiàn.

## 五月 三十一 日
$ŋ^{23}jyt^2 sam^{53}sɐp^2 jɐt^5 jɐt^2$

Wǔ yuè sānshíyī rì

买咗 一 个 大哥大，
$mai^{23}tsɔ^{35}$ $jɐt^5$ $kɔ^{33}$ $tai^{22}kɔ^{55}tai^{22}$

打电话 方便 多
$ta^{35}tim^{22}wa^{22-35}$ $foŋ^{53}pin^{22}$ $tɔ^{53}$

嘞。
$lak^3$

买了一个大哥大，打 电话
Mǎile yí ge dàgēdà, dǎ diànhuà

就 方便 多了。
jiù fāngbiàn duō le.

以后　　　可以　　　时时　　　打
ji²³heu²²　　hɔ³⁵ji²³　　si²¹si²¹　　ta³⁵

电话　　联系。
tin²²wa²²⁻³⁵lyn²¹hei²²


以后　　可以　　　经常　　　打
Yǐhòu　　kěyǐ　　jīngcháng　　dǎ

电话　联系。
diànhuà liánxì.


# 生　词　表

1. 电话 tin²²wa²²⁻³⁵　　　　　　电话 diànhuà

2. 中山大学 tsoŋ⁵⁵san⁵⁵ta²²hɔk²　　中山大学 Zhōngshān Dàxué

（专名）

3. 号 hou²²　　　　　　　　　号 hào

4. 借 tsɛ³³　　　　　　　　　借 jiè

5. 电话簿 tim²²wa²²⁻³⁵pou²²⁻³⁵　电话簿 diànhuàbù

6. 查 ts'a²¹　　　　　　　　查 chá

7. 外线 ŋɔ²²sin³³　　　　　　外线 wàixiàn

8. 点打法 tim³⁵ta³⁵fat³　　　　怎么打 zěnme dǎ

9. 拨 put²　　　　　　　　　拨 bō

10. 喂 wei³⁵　　　　　　　　喂 wèi

11. 梁 lœŋ²¹（姓）　　　　　　梁 Liáng（姓）

12. 厂长 ts'ɔŋ³⁵tsœŋ³⁵　　　　厂长 chǎngzhǎng

13. 处 ts'y³³（sy³³）　　　　　这里 zhèli

14. 号码 hou²²ma²³　　　　　　号码 hàomǎ

15. 中国旅行社 tsoŋ⁵³kwɔk³l∅y²³heŋ²¹  中国旅行社
sɛ²³  Zhōngguó Lǚxíngshè(专名)

16. 司徒明 si⁵³t'ou²¹meŋ²¹  司徒明 Sītú Míng

17. 一阵 jet⁵tsen²²  一会儿 yíhuì(r)

18. 有得 jeu²³tek⁵  有 yǒu，可以 kěyǐ

19. 打嚟 ta³⁵lei²¹  打来 dǎlái

20. 暨南大学 k'ei³³nam²¹tai²²hɔk²  暨南大学 Jìnán Dàxué(专名)

21. 孖 ma⁵⁵  双 shuāng

22. 2206 ji²²ji²²leŋ²lok²  2206 èr'èrlíngliù

23. 转 tsyn³⁵  转 zhuǎn

24. 长途电话 ts'œŋ²¹t'ou²¹tin²²wa²²⁻³⁵  长途电话 chángtú diànhuà

25. 总机室 tsoŋ³⁵kei⁵⁵sɐt⁵  总机室 zǒngjīshì

26. 国内长途 kwɔk³nɔi²²ts'œŋ²¹t'ou²¹  国内长途 guónèi chángtú

27. 国际长途 kwɔk³tsei³³ts'œŋ²¹t'ou²¹  国际长途 guójì chángtú

28. 办公室 pan²²koŋ⁵⁵sɐt⁵  办公室 bàngōngshì

29. 程控电话 ts'eŋ²¹hoŋ³³tin²²wa²²⁻³⁵  程控电话
chéngkòng diànhuà

30. 大哥大 tai²²kɔ⁵⁵tai²²  大哥大 dàgēdà
（手持无线电话机
shǒuchí wúxiàn diànhuàjī）

31. 方便 fɔŋ⁵³pin²²  方便 fāngbiàn

32. 以后 ji²³heu²²  以后 yǐhòu

33. 时时 si²¹si²¹  经常 jīngcháng

34. 联系 lyn²¹hei²²  联系 liánxì

— 78 —

# 六月　六月
## lȯk²jyt²　Liù yuè

上旬　　上旬
sœŋ²²ts'∅n²¹　Shàngxún

称赞　　称赞
ts'ey⁵³tsan³³　Chēngzàn

六月一日
lȯk² jyt² ȷet⁵ ȷet²

Liù yuè yī rì

国际儿童节
kwɔk³ tsɐi³³

ji²¹t'oŋ²¹ tsit³
国际儿童节
Guójì Értóng Jié

"六一"　儿童节　天气
lȯk²ȷet⁵ ji²¹t'oŋ²¹tsit³ t'in⁵³hei³³

咁　好，带　啲　细路哥
kem³³hou³⁵tai²³ti⁵⁵sei³³lou²²kɔ⁵⁵

去　边度　玩　好呀？
h∅y³³pin⁵⁵tou²²wan³⁵hou³⁵a³³
"六一"儿童节　天气　那么
"Liùyī"Értóng Jié tiānqì nàme
好，带　那些　小　孩子　到
hǎo, dài nàxiē xiǎo háizi dào
哪里　去　玩儿　好　呢？
nǎli qù wán(r) hǎo ne?

去　　　草暖公园
hØy³³ ts'ou³⁵ nyn²³ koŋ⁵³ jyn²¹⁻³⁵

啦，　吟度　　有　　音乐
la⁵⁵ kɔ³⁵tou²² jeu²³ jem⁵³ŋɔk²

喷泉，　　　好　　好睇
p'en³³ts'yn²¹ hou³⁵ hou³⁵t'ei³⁵

㗎!
ka³³

到　　　草暖公园儿　　去
Dào Cǎonuǎn Gōngyuán(r) qù

吧，那里　有　音乐　喷泉，
ba, nàli yǒu yīnyuè pēnquán,

很　好看　的!
hěn hǎokàn de!

哗!　呢度　风景　　真
wa²¹ nei⁵⁵tou²² foŋ⁵³keŋ³⁵ tsæn⁵³

靓，啲花　　五颜六色，
lɛŋ³³ ti⁵⁵ fa⁵⁵ ŋ̩²³ŋan²¹lok⁵sek⁵

重　　香喷喷　　　添。
tsoŋ³³ hœŋ⁵³p'en³³p'en³³t'im⁵³

啊!　这里　风景　　真　漂
À! Zhèli fēngjǐng zhēn piào

亮，那些　花儿　五彩缤纷，
liang, nàxiē huār wǔcǎi-bīnfēn,

还　清香　扑鼻呢。
hái qīngxiāng pū bí ne.

## 六　月　二　日
lok² jyt² ji²² jet²

Liù　yuè　èr　rì

# 六月 三 日
lok² jyt² sam⁵³ jet²

Liù yuè sān rì

# 六月 四 日
lok² jyt² sei³³ jet²

Liù yuè sì rì

呢 只(隻) 歌 真 嬻
nei⁵⁵ tsɛk³ kɔ⁵⁵ tsɐn⁵³ tsan³⁵

鬼! 我 好 中意 听。
kwei³⁵ ŋɔ²³ hou³⁵ tsoŋ⁵³ji³³ t'ɛŋ⁵³

这 首 歌 真 妙! 我 很
Zhè shǒu gē zhēn miào! Wǒ hěn
喜欢 听。
xǐhuan tīng.

吶 位 歌星 唱 得
kɔ³⁵ wei³⁵ kɔ⁵⁵ seŋ⁵³ ts'œŋ³³ tɐk⁵

好 劲, 声喉 好 到
hou³⁵ keŋ²² sɐŋ⁵³ heu²¹ hou³⁵ tou³³

极。
kek²

那位 歌星 唱 得 很
Nàwèi gēxīng chàng de hěn
带劲儿, 嗓音 好极了!
dàijìn(r), sǎngyīn hǎojí le!

呢 间 屋 真 系
nei⁵⁵ kan⁵³ ok⁵ tsɐn⁵³ hei³³

架势! 家私 好 骨子。
ka³³ sei³³ ka⁵³ si⁵³ hou³⁵ kwɐt⁵ tsi³⁵

这 所 房子 真 是
Zhè suǒ fángzi zhēn shì
排场! 家具 很 精致。
páichang! Jiājù hěn jīngzhì.

房间 光猛、 阔落,
foŋ²¹ kan⁵³ kwɔŋ⁵³ maŋ²³ fut³ lɔk²

— 81 —

玻璃窗　　　　揳到
pɔ⁵⁵lei²¹⁻⁵⁵tsʻœŋ⁵⁵　saŋ³⁵tou³³

立\*立\*呤。
lap³lap³leŋ³³

房间　　亮堂、　宽-
Fángjiān liàngtang、kuān-
敞，玻璃　窗户擦得
chang, bōli chuānghu cā de
闪闪·发亮。
shǎnshǎn fāliàng.

## 六月五日
lok²jyt²ŋ̍²³jet²

Liù yuè wǔ rì

呢班　细蚊\*仔　真
nei⁵⁵pan⁵³sei³³men⁵⁵tsɐi³⁵tsɐn⁵³

得意，个个　都　肥哼哼，
tek⁵ji³³kɔ³³kɔ³³tou⁵⁵fei²¹tyt⁵tyt⁵

好　趣怪。
hou³⁵tsʻøy³³kwai³³

这群　小孩子真可爱，
Zhè qún xiǎo háizi zhēn kě'ài,
个个　都　胖乎乎，怪
gègè dōu pànghūhū, guài
有趣的。
yǒuqù de.

## 六月六日
lok²jyt²lok²jet²

Liù yuè liù rì

你嘅仔好呖㗎，
nei²³kɛ³³tsɐi³⁵hou³⁵lɛk⁵ka³³

做嘢好　快手。
tsou²²jɛ²³hou³⁵fai³³sɐu³⁵

你的儿子真能干，做事
Nǐ de érzi zhēn nénggàn, zuò shì
很快。
hěn kuài.

你　过　奖　啫，你　嘅
nei²³ kwɔ³³ tsœŋ³⁵ tsɛ⁵⁵ nei²³ kɛ³³

　女　　重　　精　乖　　啦，
nØy²³⁻³⁵ tsoŋ²² tsɛŋ⁵⁵ kwai⁵⁵ la⁵⁵

又　斯文　　澹定！
jeu²² si⁵³ men²¹ tam²² teŋ²²

你　过奖　罢了，你　的　女儿
Nǐ guòjiǎng bàle, nǐ de nǚ'ér

更　　聪明，　又　斯文、
gèng cōngming, yòu sīwén、

娴静！
xiánjìng!

## 六 月 七 日
lok² jyt² tsʼɐt⁵ jet²

### Liù yuè qī rì

呢 啲　　　蛋挞　　　好
nei⁵⁵ ti⁵⁵　　tan²² tʼat⁵　　hou³⁵

新鲜，　味道　　唔错。
sen⁵³ sin⁵³ mei²² tou²² m̩²¹ tsʼɔ³³

这些　鸡蛋　馅儿饼　　很
Zhèxiē jīdàn xiàn(r)bǐng hěn

新鲜，味道　不错。
xīnxiān, wèidao búcuò.

　　萨骑马　　重　　好食，
sat³ kʼɛ²¹ ma²³ tsoŋ²² hou³⁵ sek²

松（鬆）脆　　香甜。
soŋ⁵³ tsʼØy³³ hœŋ⁵³ tʼim²¹

萨其马　更　　好吃，　松脆
Sàqímǎ gèng hǎochī, sōngcuì

香甜。
xiāngtián.

　师傅　嘅　　手势　　真
si⁵³ fu³⁵ kɛ³³ seu³⁵ sei³³ tsɐn⁵³

好，　样样　都　　整得
hou³⁵ jœŋ²² jœŋ²² tou²² tseŋ³⁵ tek⁵

## 六 月 八 日
lok² jyt² pat³ jet²

### Liù yuè bā rì

— 83 —

咁　好食。
kem$^{33}$hou$^{35}$sek$^2$

师傅的　手艺　真　棒，每
Shīfu de shǒuyì zhēn bàng, měi
样　都　弄　得　那么
yàng dōu nòng de nàme
好吃。
hǎochī.

　佢　系　第一流　嘅
k'∅y$^{23}$ hei$^{22}$ tei$^{22}$jet$^5$ɫeu$^{21}$ kɛ$^{33}$

师傅，　　手势　　顶
si$^{53}$fu$^{35}$　seu$^{35}$sei$^{33}$　teŋ$^{35}$

呱呱!
kwa$^{55}$kwa$^{55}$

他　是　第一流　的　师傅，手艺
Tā shì dì-yīliú de shīfu, shǒuyì
顶　好!
dǐng hǎo!

你　哋　嘅　服务
nei$^{23}$ tei$^{22}$ kɛ$^{33}$ fok$^2$mou$^{22}$
　态度　　真　　系
t'ai$^{33}$tou$^{22}$　tsen$^{53}$　hei$^{22}$

有得弹，　百　问　不
mou$^{23}$tek$^5$t'an$^{21}$ pak$^3$ men$^{22}$pet$^5$

厌，值得　表扬。
jim$^{33}$tsek$^5$tek$^5$piu$^{35}$jœŋ$^{21}$

你们　的　服务　态度　真　是
Nǐmen de fúwù tàidù zhēn shì
无　可　挑剔　百问不厌，
wú kě tiāotì, bǎiwèn-búyàn,

# 六　月　九　日
lok$^2$ jyt$^2$ keu$^{35}$jet$^2$

Liù　yuè　jiǔ　rì

值得　表扬。
zhíde biǎoyáng.

## 六 月 十 日
lok² jyt² sep² jet²

Liù yuè shí rì

佢　好　热心　希 ，
k'∅y²³ hou³⁵ jit² sem⁵³ pɔŋ⁵³ jen²¹

系　执　到　钱　都
hei²² tsep⁵ tou³³⁻³⁵ ts'in²¹⁻³⁵ tou⁵⁵

唔要　嘅　老实　人。
m²¹ jiu³³ kɛ³³ lou²³ sek² jen²¹

他　很　热情　帮助　人，是
Tā hěn rèqíng bāngzhù rén, shì
拾金不昧　的　老实人。
shíjīn-búmèi de lǎoshiren.

咁　好心　嘅人， 大
kem³³ hou³⁵ sem⁵³ kɛ³³ jen²¹ tai²²

家　都　要　学　下　佢。
ka⁵⁵ tou⁵⁵ jiu³³ hɔk² ha²³ k'∅y²³

那么　好心肠　的　人，
Nàme hǎoxīncháng de rén,
大家　都　要　向　他　学习。
dàjiā dōu yào xiàng tā xuéxí.

## 生 词 表

1. 六月 lok² jyt²　　　　六月 liù yuè

2. 称赞 ts'eŋ⁵³ tsan³³　　　称赞 chēngzàn

3. "六一"儿童节 lok² jet⁵ ji²¹　　"六一"儿童节 "Liùyī"

　　t'oŋ²¹ tsit³　　　　　　Értóng Jié(专名)

4. 天气 t'in⁵³ hei³³　　　天气 tiānqì

5. 细路哥  sɐi³³ lou²² kɔ⁵⁵          小孩子  xiǎo háizi

6. 草暖公园  tsʻou³⁵ nyn²³ koŋ⁵³jyn²¹⁻³⁵   草暖公园儿  Cǎonuǎn
                                              Gōngyuán(r)(专名)

7. 音乐喷泉  jɛm⁵³ ŋɔkʻpʻɐn³³tsʻyn²¹   音乐喷泉  yīnyuè pēnquán

8. 哗  wa²¹                          啊  à

9. 风景  foŋ⁵³ keŋ³⁵                 风景  fēngjǐng

10. 五颜六色  ŋ²³ ŋan²¹ lok² sek⁵    五彩缤纷  wǔcǎi - bīnfēn

11. 香喷喷  hœŋ⁵³ pʻɐn³³ pʻɐn³³      清香扑鼻  qīngxiāng pū bí

12. 只(隻)  tsɛk³                   首  shǒu

13. 孏鬼  tsan³⁵ kwɐi³⁵             妙  miào,美妙 měimiào

14. 歌星  kɔ⁵⁵ seŋ⁵³               歌星  gēxīng

15. 劲  keŋ²²                      带劲儿  dàijìn(r)

16. 声喉  sɛŋ⁵³ hɐu²¹              嗓音  sǎngyīn

17. 到极  tou³³ kek²               ……极了……  jí le

18. 屋  ok⁵                        房子  fángzi

19. 架势  ka³³ sɐi³³               排场  páichang

20. 家私  ka⁵³ si⁵³                家具  jiājù

21. 骨子  kwɐt⁵ tsi³⁵              精致  jīngzhì

22. 房间  foŋ²¹ kaŋ⁵³              房间  fángjiān

23. 光猛  kwɔŋ⁵³ maŋ²³             亮堂  liàngtang

24. 阔落  fut³ lɔk²                宽敞  kuānchang

25. 玻璃  pɔ⁵⁵ lei²¹⁻⁵⁵            玻璃  bōli

26. 窗  tsʻœŋ⁵⁵                    窗户  chuānghu

27. 揩  saŋ³⁵                      擦  cā

28. 立ᐟ立ᐟ呤 lap³ lap³ leŋ³³ 　　　　　闪闪发亮 shǎnshǎn fāliàng

29. 细蚊ᐟ仔 sɐi³³ mɐn⁵⁵ tsɐi³⁵ 　　　　小孩子 xiǎo háizi

30. 得意 tɛk⁵ ji³³ 　　　　　　　　可爱 kě'ài

31. 肥哧哧 fei²¹ tyt⁵ tyt⁵ 　　　　　胖乎乎 pànghūhū

32. 趣怪 tsʻØy³³ kwai³³ 　　　　　　有趣 yǒuqù

33. 仔 tsɐi³⁵ 　　　　　　　　　　儿子 érzi

34. 叻(叻) lɛk⁵ 　　　　　　　　　能干 nénggàn

35. 快手 fai³³ sɐu³⁵ 　　　　　　　快 kuài

36. 过奖 kwɔ³³ tsœŋ³⁵ 　　　　　　过奖 guòjiǎng

37. 女 nØy²³⁻³⁵ 　　　　　　　　女儿 nǚ'ér

38. 精乖 tsɛŋ⁵⁵ kwai⁵⁵ 　　　　　　聪明 cōngming

39. 斯文 si⁵³ mɐn²¹ 　　　　　　　斯文 sīwén

40. 澹定 tam²² tɛŋ²² 　　　　　　　文静 wénjìng，娴静 xiánjìng

41. 蛋挞 tan²² tʻat⁵（英文 tart）　　鸡蛋馅儿饼 jīdàn xiàn(r)bǐng

42. 新鲜 sɐn⁵³ sin⁵³ 　　　　　　新鲜 xīnxiān

43. 味道 mei²² tou²² 　　　　　　味道 wèidao

44. 萨骑马 sat³ kʻɛ²¹ ma²³ 　　　　萨其马 sàqímǎ

45. 松(鬆)脆 soŋ⁵³ tsʻØy³³ 　　　松脆 sōngcuì

46. 香甜 hœŋ⁵³ tʻim²¹ 　　　　　香甜 xiāngtián

47. 手势 sɐu³⁵ sɐi³³ 　　　　　　手艺 shǒuyì

48. 整得 tsɛŋ³⁵ tɛk⁵ 　　　　　　弄得 nòng de

49. 第一流 tei²² jɐt⁵ lɐu²¹ 　　　第一流 dì-yīliú

50. 顶呱呱 tɛŋ³⁵ kwa⁵⁵ kwa⁵⁵ 　　顶好 dǐng hǎo

51. 服务 fok² mou²²　　　　　　　服务 fúwù

52. 态度 t'ai³³ tou²²　　　　　　　态度 tàidù

53. 冇得弹 mou²³ tɐk⁵ t'an²¹　　　无可挑剔 wú kě tiāotì

54. 百问不厌 pak³ men²² pɐt⁵　　百问不厌 bǎiwèn-búyàn
　　　　jim³³

55. 值得 tsek² tɐk⁵　　　　　　　值得 zhíde

56. 表扬 piu³⁵ jœŋ²¹　　　　　　表扬 biǎoyáng

57. 热心 jit² sem⁵³　　　　　　　热心 rèxin，热情 rèqíng

58. 帮 pɔŋ⁵³　　　　　　　　　　帮助 bāngzhù

59. 执 tsɐp⁵　　　　　　　　　　拾 shí

60. 老实 lou²³ sek²　　　　　　　老实 lǎoshi

61. 好心 hou³⁵ sem⁵³　　　　　　好心肠 hǎoxincháng

中旬　　　　　　　　　　　　中旬
tsoŋ⁵³ ts'∅n²¹　　　　　　　　Zhōngxún

遗憾　　　　　　　　　　　　遗憾
wei²¹ ham²²　　　　　　　　　Yíhàn

六　月　十　一　日　　　　五　月　端午节　点　过
lok² jyt² sep² jɐt⁵ jɐt²　　ŋ²³ jyt² tyn⁵³ ŋ²³ tsit³ tim³⁵ kwɔ³³
　　　　　　　　　　　　　呀？
Liù　yuè　shíyī　rì　　　a³³
　　　　　　　　　　　　　五　月　端午节　怎么　过
　　　　　　　　　　　　　Wǔ　yuè　Duānwǔ Jié zěnme guò
　　　　　　　　　　　　　呢？
　　　　　　　　　　　　　ne?

去　睇　扒　龙船　啦，
hØy³³ tʼei³⁵ pʼa²¹ loŋ²¹ syn²¹ la⁵⁵

旧年　　冇　　睇到，
keu²² nin²¹⁻³⁵ mou²³ tʼei³⁵ tou³³⁻³⁵

真　可惜。
tsen⁵³ hɔ³⁵ sek⁵

去　看　划　龙船　吧，
Qù kàn huá lóngchuán ba,
去年　没　看到，真　可惜。
qùnián méi kàndào, zhēn kěxī.
我　中意　睇　打波，
ŋɔ²³ tsoŋ⁵³ ji³³ tʼei³⁵ ta³⁵ pɔ⁵⁵

琴日　买　唔到　飞
kʼem²¹ jet² mai²³ m̩²¹ tou²²⁻³⁵ fei⁵⁵

走咗鸡，　真　吊癮。
tseu³⁵ tsɔ³⁵ kei⁵⁵ tsen⁵³ tiu³³ jen²³

我　喜欢　看　打　球，昨
Wǒ xǐhuan kàn dǎ qiú, zuó-
天　买　不　到　票，错过了
tiān mǎi bu dào piào, cuòguòle
机会，真　吊　胃口。
jīhuì, zhēn diào wèikǒu.

今晚　嚟　我　屋企
kem⁵³ man²³ lei²¹ ŋɔ²³ ok⁵ kʼei²³

食　粽　啦，　有
sek² tsoŋ³⁵ la⁵⁵ jeu²³

咸肉粽　同埋
ham²¹ jok² tsoŋ³⁵ tʼoŋ²¹ mai²¹

## 六月　十二　日
lok² jyt² sœp² ji²² jet²

Liù yuè shí'èr rì

## 六月　十三　日
lok² jyt² sœp² sam⁵³ jet²

Liù yuè shísān rì

裹蒸粽。
kwɔ³⁵ tseŋ⁵⁵ tsoŋ³⁵

今晚 来 我 家 吃 粽子
Jīnwǎn lái wǒ jiā chī zòngzi
吧，有 咸肉 粽子 和 甜
ba，yǒu xiánròu zòngzi hé tián
粽子。
zòngzi.

我 今晚 要
ŋɔ²³ kem⁵³ man²³ jeu³³

炒更， 真系 冇
ts'au³⁵ kaŋ³⁵ tsen⁵³ hei²² mou²³

口福。
heu³⁵ fok⁵

我 今晚 要 加班，真是
Wǒ jīnwǎn yào jiā bān，zhēnshi
没 口福。
méi kǒufú.

## 六 月 十 四 日
lok² jyt² sep² sei³³ jet²

## Liù yuè shísì rì

第个 礼拜日
tei²² kɔ³³ lei²³ pai³³ jet²

毕业班 同学 要 开
pet⁵ jip² pan⁵⁵ t'oŋ²¹ hɔk² jiu³³ hɔi⁵³

个 大食会， 你
kɔ³³ tai²² sek² wui²²⁻³⁵ nei²³

参 唔 参加 呀？
ts'am⁵³ m²¹ ts'am⁵³ ka⁵³ a³³

下 个 星期天 毕业班
Xià ge xīngqītiān bìyèbān
同学 要 聚餐，你 参加
tóngxué yào jùcān，nǐ cānjiā
不 参加？
bu cānjiā?

有　　咁啱　　　得　　咁
jeu²³ kem³³ ŋam⁵⁵ tek⁵ kem³³

跷，吟日　我　阿妹　嚟，
k'iu³⁵ kɔ³⁵ jet² ŋɔ²³ ɔ³³ a mui²²⁻³⁵ lei²¹

要　去　　接车，　想
jiu³³ høy³³ tsip³ts'ɛ⁵⁵ sœŋ³⁵
　　参加　　都 唔得。
ts'am⁵³ ka⁵³ tou⁵⁵ m²¹ tek⁵

那么 不　凑巧，　那天 我
Nàme bú còuqiǎo, nàtiān wǒ
妹妹 来，要 去 接车，想
mèimei lái, yào qù jiēchē, xiǎng
参加 都　不 成。
cānjiā dōu bùchéng.

你　　见到　　　老郑　未
nei²³ kin³³ tou³³⁻³⁵ lou²³ tsɛŋ³³ mei²²
呀？ 佢　话　今日　要
a³³? k'øy²³ wa²² kem⁵³ jet² jiu³³

走　嚕。
tseu³⁵ pɔ³³

你 看见　老郑　　没有？
Nǐ kànjiàn Lǎo Zhèng méiyǒu?
他 说 今天　要 走 呢。
Tā shuō jīntiān yào zǒu ne.
我　赶到　　车站，　车
ŋɔ²³ kɔŋ³⁵ tou³³ ts'ɛ⁵⁵ tsam²² ts'ɛ⁵⁵
经已 开走 咗，又 唔
keŋ⁵³ ji²³ hɔi²³ tseu³⁵ tsɔ³⁵ jeu²² m²¹

知 几时 至 见 面 嘞。
tsi⁵³ kei³⁵ si²¹ tsi³³ kin³³ min²² lak³

# 六　月　十　五　日
lok² jyt² sœp² ŋ²³ jet²

Liù　yuè　shíwǔ　rì

我 赶到 车站，车 已经
Wǒ gǎndào chēzhàn, chē yǐjing
开走了， 又 不 知 什么
kāizǒule, yòu bù zhī shénme
时候 才见 面了。
shíhou cái jiàn miàn le.

## 六月 十六 日
lok$^2$ jyt$^2$ sɐp$^2$ lok$^2$ jɛt$^2$

## Liù yuè shíliù rì

呢 次 见 面 可惜
nei$^{55}$ ts'i$^{33}$ kin$^{33}$ min$^{22}$ hɔ$^{35}$ sek$^5$
时间 太 短， 有 好
si$^{21}$ kan$^{33}$ t'ai$^{33}$ tyn$^{35}$ jɐu$^{23}$ hou$^{35}$

多嘢都未 倾 晒。
tɔ$^{53}$ jɛ$^{23}$ tou$^{55}$ mei$^{22}$ k'ɐŋ$^{53}$ sai$^{33}$
这次 见 面 可惜 时间
Zhè cì jiàn miàn kěxī shíjiān
太 短， 有 很 多 事情
tài duǎn, yǒu hěn duō shìqing
都 没 讲完。
dōu méi jiǎngwán.

## 六月 十七 日
lok$^2$ jyt$^2$ sɐp$^2$ ts'ɐt$^5$ jɛt$^2$

## Liù yuè shíqī rì

前晚 去 行 夜
ts'in$^{21}$ man$^{23}$ hØy$^{33}$ haŋ$^{21}$ jɛ$^{22}$
街， 行行下 落起
kai$^{55}$ haŋ$^{21}$ haŋ$^{21}$ ha$^{22-35}$ lɔk$^2$ hei$^{35}$
雨 上嚟， 又 有 带
jy$^{23}$ sœŋ$^{23}$ lei$^{21}$ jɐu$^{22}$ mou$^{23}$ tai$^{33}$

遮， 真 系 唔 好彩。
tsɛ$^{55}$ tsɐn$^{53}$ hei$^{22}$ m$^{21}$ hou$^{35}$ ts'ɔi$^{35}$

前天 晚上 去 逛
Qiántiān wǎnshang qù guàng
夜市， 走着 走着， 下 起 雨
yèshì, zǒuzhe zǒuzhe, xià qǐ yǔ
来 了， 又 没 带 伞， 真
lai le, yòu méi dài sǎn, zhēn
倒霉！
dǎoméi!

**六 月 十 八 日**

lok² jyt² sɐp² pat³ jet²

Liù yuè shíbā rì

你 考 托福 通过
nei²³ hau³⁵ t'ɔk³ fok⁵ t'oŋ²¹ kwɔ³³

未 呀？
mei²² a³³？

你考托福 通过了 没有？
Nǐ kǎo tuōfu tōngguòle méiyǒu？

争 十几 分 都 通
tsaŋ⁵³ sɐp² kei³⁵ fɐn⁵⁵ tou⁵⁵ t'oŋ²¹

唔 过， 真 系 唔 够
m²¹ kwɔ³³, tsen⁵³ hei²² m²¹ keu³³

运。
wen²²

只 差 十几 分 没 通过，
Zhǐ chà shíjǐ fēn méi tōngguò，
真 不 走运。
zhēn bù zǒuyùn。

**六 月 十 九 日**

lok² jyt² sɐp² keu³⁵ jet²

Liù yuè shíjiǔ rì

前 几 日 去 探
ts'in²¹ kei³⁵ jet² hØy³³ t'am³³

你， 摸门钉， 本来
nei²³ mɔ³⁵ mun²¹ teŋ⁵⁵ pun³⁵ lɔi²¹
想 介绍 一 个
sœŋ³⁵ kai³³ siu²² jet⁵ kɔ³³

朋友 畀 你， 真 系
p'eŋ²¹ jeu²³ pei³⁵ nei²³ tsen⁵³ hei²²

有 缘份。
mou²³ jyn²¹ fen²²

前 几 天 去 拜访 你，
Qián jǐ tiān qù bàifǎng nǐ，

吃了 闭门羹, 本来 想
chīle bìméngēng, běnlái xiǎng
给 你 介绍 一个 朋友,
gěi nǐ jièshào yí ge péngyou,
真是 没 缘份。
zhēnshi méi yuánfèn.

## 六月 二十 日
lok$^2$ jyt$^2$ ji$^{22}$ sɐp$^2$ jɛt$^2$

Liù yuè èrshí rì

难得　　　去　　　　澳门
nan$^{21}$ tɐk$^5$　hɵy$^{33}$　ou$^{33}$ mun$^{21-35}$

玩　一次, 见 唔　到
wan$^{35}$ jɐt$^5$ tsʻi$^{33}$ kin$^{33}$ m̩$^{21}$ tou$^{33-35}$

廿几　年　冇　见　面
ja$^{22}$ kei$^{35}$ nin$^{21}$ mou$^{23}$ kin$^{53}$ min$^{22}$
嘅　朋友,　真　遗
kɛ$^{33}$　pʻɐŋ$^{21}$ jɐu$^{23}$　tsɐn$^{53}$　wei$^{21}$
憾。
ham$^{22}$

难得　去　澳门　玩儿　一
Nándé qù Àomén wán(r) yí
趟, 没　见到 二十几 年　没
tàng, méi jiàndào èrshíjǐ nián méi
见　面　的　朋友,　真
jiàn miàn de péngyou, zhēn
遗憾。
yíhàn.

## 生 词 表

1. 遗憾 wei$^{21}$ ham$^{22}$　　　　　遗憾 yíhàn

2. 端午节 tyn$^{53}$ ŋ̩$^{23}$ tsit$^3$　　　端午节 Duānwǔ Jié(专名)

3. 扒 pʻa$^{21}$　　　　　　　　　划 huá

4. 龙船 loŋ$^{21}$ syn$^{21}$　　　　　龙船 lóngchuán

5. 波 pɔ$^{55}$(英文 ball)　　　　球 qiú

6. 琴日 kʻɐm²¹ jɐt²　　　　　　　昨天 zuótiān

7. 走鸡 tsɐu³⁵ kei⁵⁵　　　　　　　错过机会 cuòguò jīhuì

8. 吊瘾 tiu³³ jɐn²³　　　　　　　吊胃口 diào wèikǒu

9. 粽 tsoŋ³⁵　　　　　　　　　　粽子 zòngzi

10. 咸肉粽 ham²¹ jok² tsoŋ³⁵　　　咸肉粽子 xiánròu zòngzi

11. 裹蒸粽 kwɔ³⁵ tseŋ⁵⁵ tsoŋ³⁵　　甜粽子 tián zòngzi

12. 口福 heu³⁵ fok⁵　　　　　　　口福 kǒufú

13. 毕业班 pɐt⁵ jip² pan⁵⁵　　　　毕业班 bìyèbān

14. 大食会 tai²² sek² wui²²⁻³⁵　　聚餐 jùcān

15. 有咁啱得咁跷 jɐu²³ kɐm³³　　那么凑巧 nàme còuqiǎo

　　　ŋam⁵⁵ tɐk⁵ kɐm³³ kʻiu³⁵

16. 接车 tsip³ tsʻɛ⁵⁵　　　　　　接车 jiēchē

17. 阿妹 a³³ mui²²⁻³⁵　　　　　　妹妹 mèimei

18. 郑 tsɛŋ²²（姓）　　　　　　郑 Zhèng（姓）

19. 赶到 kɔŋ³⁵ tou³³　　　　　　赶到 gǎndào

20. 车 tsʻɛ⁵⁵　　　　　　　　　车 chē

21. 车站 tsʻɛ⁵⁵ tsam²²　　　　　车站 chēzhàn

22. 经已 keŋ⁵³ ji²³　　　　　　　已经 yǐjing

23. 开走 hɔi⁵³ tsɐu³⁵　　　　　　开走 kāizǒu

24. 短 tyn³⁵　　　　　　　　　短 duǎn

25. 夜街 jɛ²² kai⁵⁵　　　　　　　夜市 yèshì

26. 行行下 haŋ²¹ haŋ²¹ ha²²⁻³⁵　走着走着 zǒuzhe zǒuzhe

27. 落雨 lɔk² jy²³　　　　　　　下雨 xià yǔ

—— 95 ——

28. 上嚟 sœŋ²³ lei²¹ 　　　　起来 qǐlai

29. 遮 tsɛ⁵⁵（名词）　　　　伞 sǎn

30. 唔好彩 m̩²¹ hou³⁵ tsʼɔi³⁵ 　　不走运 bù zǒuyùn,

　　　　　　　　　　　　　　　倒霉 dǎoméi

31. 考 hau³⁵ 　　　　　　　　考 kǎo

32. 托福 tʼɔk³ fok⁵（英文 TOEFL）　托福 tuōfu

33. 通过 tʼoŋ⁵³ kwɔ³³ 　　　　通过 tōngguò

34. 够运 keu³³ wen²² 　　　　运气好 yùnqi hǎo,

　　　　　　　　　　　　　　　走运 zǒuyùn

35. 前几日 tsʼin²¹ kei³⁵ jet² 　前几天 qián jǐ tiān

36. 摸门钉 mɔ³⁵ mun²¹ teŋ⁵⁵ 　吃闭门羹 chī bìméngēng

37. 本来 pun³⁵ lɔi²¹ 　　　　本来 běnlái

38. 缘份 jyn²¹ fen²² 　　　　缘份 yuánfèn

39. 难得 nan²¹ tek⁵ 　　　　难得 nándé

40. 澳门 ou³³ mun²¹⁻³⁵ 　　　澳门 Àomén（专名）

41. 廿 ja²² 　　　　　　　　二十 èrshí

下旬　　　　　　下旬
ha²² tsʼ∅n²¹　　　Xiàxún
抱歉　　　　　　抱歉
pʼou²³ hip³　　　Bàoqiàn

六 月 二 十 一 日　　｜　对 唔 住, 唔 觉 意
lok² jyt² ji²² sep² jet⁵ jet²　｜　t∅y³³ m̩²¹ tsy²² m̩²¹ kɔk³ ji³³

| | |
|---|---|
| Liù yuè èrshíyī rì | 踩亲 你。<br>ts'ai$^{35}$ts'en$^{53}$nei$^{23}$ |
| | 对 不 起，不 注意 踩着 你。<br>Duì bu qǐ，bú zhùyì cǎizhe nǐ. |
| | 有 关系。<br>mou$^{23}$kwan$^{53}$hei$^{22}$ |
| | 没 关系。<br>Méi guānxi. |
| 六月 二十二 日<br>lok$^2$jyt$^2$ji$^{22}$sep$^2$ji$^{22}$jet$^2$ | 事关 塞车， 嚟迟<br>si$^{22}$kwen$^{53}$ set$^5$ts'ε$^{55}$ lei$^{21}$ts'i$^{21}$ |
| Liù yuè èrshí'èr rì | 咗， 累 你 等 咁 耐,<br>tso$^{35}$lØy$^{22}$nei$^{23}$teŋ$^{35}$kem$^{33}$nɔi$^{22}$ |
| | 唔 好意思。<br>m$^{21}$hou$^{35}$ji$^{33}$si$^{53-33}$ |
| | 因为 交通 堵塞，累 你<br>Yīnwèi jiāotōng dǔsè，lèi nǐ<br>久 等，不 好意思。<br>jiǔ děng，bù hǎoyìsi. |
| 六月 二十三 日<br>lok$^2$jyt$^2$ji$^{22}$sep$^2$sam$^{53}$jet$^2$ | 我 琴日 唔 记得 打<br>ŋɔ$^{23}$k'em$^{21}$jet$^2$m$^{21}$kei$^{33}$tek$^5$ta$^{35}$ |
| Liù yuè èrshísān rì | 电话 畀 你，唔 好<br>tin$^{22}$wa$^{22-35}$ pei$^{35}$ nei$^{23}$ m$^{21}$ hou$^{35}$ |
| | 见怪 呀。<br>kin$^{33}$kwai$^{33}$a$^{33}$ |
| | 我 昨天 忘了 打 电话<br>Wǒ zuótiān wàngle dǎ diànhuà |

给你，别 见怪 啊。
gěi nǐ, bié jiànguài a.

## 六月 二十四 日
lok²jyt²ji²²sɐp²sei³³jet²

### Liù yuè èrshísì rì

先 生， 唔该 借 个
sin⁵³ saŋ⁵³ m²¹kɔi⁵³ tsɛ³³ kɔ³³

打火机 用下。
ta³⁵fɔ³⁵kei⁵⁵joŋ²²ha²³

先生， 劳驾借一个
Xiānsheng, láo jià jiè yí ge

打火机 用 一 下 儿。
dǎhuǒjī yòng yíxià (r).

我 有 带 打火机
ŋɔ²³ mou²³ tai³³ ta³⁵fɔ³⁵kei⁵⁵,

对 唔住。
tøy³³m²¹tsy²²

我 没 带 打火机， 对 不
Wǒ méi dài dǎhuǒjī, duì bu

起。
qǐ.

## 六月 二十五 日
lok²jyt²ji²²sɐp²ŋ²³jet²

### Liù yuè èrshíwǔ rì

呢排 太 忙， 好耐
nei⁵⁵p'ai²¹t'ai³³mɔŋ²¹hou³⁵nɔi²²

有 嚟 睇 你，
mou²³ ɬei²¹ t'ei³⁵ nei²³

千祈 咪 嬲 呀。
ts'in⁵³k'ei²¹mei²³nɐu⁵³a³³

近来太 忙， 很 久 没 来
Jìnlái tài máng, hěn jiǔ méi lái

看你， 千万 别 生气
kàn nǐ, qiānwàn bié shēngqì

啊！
a!

六月 二十六 日
lok²jyt²ji²²sep²lok²jet²

Liù yuè èrshíliù rì

我　因为　要　准备
ŋɔ²³ jen⁵³wei³³ jiu³³ tsøn³⁵pei²²

考试，　唔　参加　得
hau³⁵si²³ m²¹ ts'am⁵³ka⁵³ tɐk⁵

你　嘅　生日　晚会，
nei²³kɛ³³ saŋ⁵³jet² man²³wui²²⁻³⁵

请　原谅。
ts'ɛŋ³⁵jyn²¹lœŋ²²

我 因为要　准备 考试，
Wǒ yīnwèi yào zhǔnbèi kǎoshì,

不 能 参加 你的 生日
bù néng cānjiā nǐ de shēngri

晚会，请　原谅。
wǎnhuì, qǐng yuánliàng.

六月　二十七　日
lok²jyt²ji²²sep²ts'ɐt⁵jet²

Liù yuè èrshíqī rì

小姐，　而家　几　点钟
siu³⁵tsɛ³⁵ji²¹ka⁵⁵kei³⁵tim³⁵tsoŋ⁵⁵

呀?
a³³

小姐，现在 几　点钟　啊?
Xiǎojie, xiànzài jǐ diǎnzhōng a?

对　唔　住，我　嘅
tøy³³ m²¹ tsy²² ŋɔ²³ kɛ³³

表(镖)停 咗。
piu⁵⁵t'eŋ²¹tsɔ³⁵

对不起, 我的 表 停了。
Duì bu qǐ, wǒ de biǎo tíng le.

六月 二十八 日
lok²jyt²ji²²sep²pat³jet²

Liù yuè èrshíbā rì

大拿拿　一百　文
tai³³na²¹na²¹jet⁵pak³men²¹⁻⁵⁵

畅 唔 开, 唔该 畀

tsʻœŋ³³ m²¹ hɔi⁵³ m²¹kɔi⁵³ pei³⁵

碎纸 啦。

sØy³³tsi³⁵ la⁵⁵

一 整 张 一百 元
Yì zhěng zhāng yìbǎi yuán
找 不 开, 请 给
zhǎo bu kāi, qǐng gěi
零钱 吧。
língqián ba.

呢亭 货 卖晒 嘞,

neitʻeŋ³⁵ fɔ³³ mai²²sai³³ lak³

过 几 日 再 嚟

kwɔ³³ kei³⁵ jet² tsɔi³³ lei²¹

睇下 啦, 累 你 白

tʻei³⁵ha²³ la⁵⁵ lØy²² nei²³ pak²

行 一 匀, 真 唔

haŋ²¹ jet⁵ wen²¹ tsen⁵³ m²¹

好意思。

hou³⁵ji³³ si⁵³⁻³³

这 种 货 卖完 了, 过
Zhè zhǒng huò màiwán le, guò
几 天 再 来 看 一 下儿 吧。
jǐ tiān zài lái kàn yí xià(r) ba.

累 你 白 走 一 趟, 很
Lèi nǐ bái zǒu yí tàng, hěn
抱歉。
bàoqiàn.

我哋 要 收档 嘞,

ŋ²³tei²² jiu³³ seu⁵³tɔŋ³³ lak³

六月 二十九 日

lok²jyt²ji²²sep²keu³⁵ jet²

Liù yuè èrshíjiǔ rì

六月 三十 日

lok²jyt²sam⁵³ sep² jet²

Liù yuè sānshí rì

— 100 —

唔该 你 听日 再 嚟

m²¹ kɔi⁵³ nei²³ t'eŋ⁵³ jet² tsɔi³³ lei²¹

买 啦。

ma²³ la⁵⁵

我们 要 收 市 了，请

Wǒmen yào shōu shì le, qǐng

您 明天 再 来 买 吧。

nín míngtiān zài lái mǎi ba.

# 生 词 表

1. 抱歉 p'ou²³ hip³      抱歉 bàoqiàn

2. 唔觉意 m²¹ kɔk³ ji³³      不注意 bú zhùyì

3. 踩 ts'ai³⁵      踩 cǎi

4. 亲 ts'en⁵³（虚词）      着 zhe

5. 事关 si²² kwan⁵³      因为 yīnwèi

6. 塞车 sɛt⁵ ts'ɛ⁵⁵      交通堵塞 jiāotōng dǔsè

7. 累 lØy²²      累 lèi

8. 见怪 kin³³ kwai³³      见怪 jiànguài

9. 借 tsɛ³³      借 jiè

10. 打火机 ta³⁵ fɔ³⁵ kei⁵⁵      打火机 dǎhuǒjī

11. 嬲 neu⁵³      生气 shēngqì

12. 准备 tsØn³⁵ pei²²      准备 zhǔnbèi

13. 考试 hau³⁵ si²³      考试 kǎoshì

14. 原谅 jyn²¹ lœŋ²²      原谅 yuánliàng

15. 表（镖） piu⁵⁵      表 biǎo

16. 停 t'eŋ²¹         停 tíng

17. 大拿拿 tai³³ na²¹ na²¹      一整张 yì zhěng zhāng

18. 一百文 jet⁵ pak³ men²¹⁻⁵⁵    一百元 yìbǎi yuán

19. 畅 ts'œŋ³³          找 zhǎo

20. 碎纸 sØy³³ tsi³⁵       零钱 língqián

21. 白行 pak² haŋ²¹       白走 bái zǒu

22. 一勺 jet⁵ wen²¹        一趟 yí tàng

23. 收档 seu⁵³ tɔŋ³³       收市 shōu shì,

                          收摊儿 shōu tān(r)

# 七月　　七月
ts'et⁵ jyt²　　Qī yuè

## 上旬　　上旬
sœŋ²² ts'Øn²¹　　Shàngxún

## 问路　　问路
men²² lou²²　　Wèn lù

七　月　一　日
ts'et⁵ jyt² jet⁵ jet²

Qī yuè yī rì

请　　问，　去　中　山
ts'ɛŋ³⁵ men²² hØy³³ tsoŋ⁵⁵ san⁵⁵

纪念　堂　点　行　法？
kei³⁵ nim²² t'ɔŋ²¹ tim³⁵ haŋ²¹ fat³

请　　问，　到　　中山
Qǐng　wèn,　dào　Zhōngshān

纪念堂　去　怎么　走？
Jìniàntáng qù zěnme zǒu?

中国共产党诞生日
tsoŋ⁵³kwɔk³ koŋ²²
ts'an³⁵tɔŋ³⁵tan³³sɐ ŋ⁵³

jɐt²

中国共产党诞生日
Zhōngguó Gòng-
chǎndǎng Dànshēngrì

# 七 月 二 日
ts'et⁵ jyt² ji²² jɐt²

Qī yuè èr rì

---

顺 住 呢 条 路 一
sØn²² tsy²² nei⁵⁵ t'iu²¹ lou²² jɐt⁵

直 行 就 系。
tsek² haŋ²¹ tseu²² hei²²

沿着 这 条 路 一直.走 就
Yánzhe zhè tiáo lù yìzhí zǒu jiù
是。
shì.

文化公园　　　　离 呢
men²¹fa³³koŋ⁵³ jyn²¹⁻³⁵ lei²¹ nei⁵⁵

处 远 唔 远?
ts'y³³ jyn²³ m²¹ jyn²³

文化公园儿　　 离 这里
Wénhuà Gōngyuán(r) lí zhèli
远 不 远?
yuǎn bu yuǎn?

唔 系 几 远, 一 转
m²¹ hei²² kei³⁵ jyn²³ jɐt⁵ tsyn³³

弯 再 行 一 阵
wan⁵³ tsɔi³³ haŋ²¹ jɐt⁵ tsɐn²²

就 到。
tseu²² tou³³

不 太 远, 一 拐 弯儿 再
Bú tài yuǎn, yì guǎi wān(r)zài

走 一会儿 就 到。
zǒu yíhuì(r) jiù dào.

## 七 月 三 日
tsʻet⁵ jyt² sam⁵³ jet²

## Qī yuè sān rì

华南植物园　　　嘅
wa²¹nam²¹tsek²met²jyn²¹⁻³⁵hei³⁵

边度 嘅?
pin⁵⁵tou²²ka³³

华南植物园, 在 哪儿?
Huánán Zhíwùyuán zài nǎ(r)?

嘅 郊外, 离 呢度
hei³⁵ kau⁵³ŋɔi²² lei²¹ nei⁵⁵tou²²

好 远 嘅。
hou³⁵jyn²³ka³³

在 郊外, 离 这里 很 远
Zài jiāowài, lí zhèli hěn yuǎn

的。
de.

## 七 月 四 日
tsʻet⁵ jyt² sei³³ jet²

阿伯,　去　　高第街
a³³pak³　hɵy³³　kou⁵³tei²²kai⁵⁵

## Qī yuè sì rì

要 行 边 条 路?
jiu³³haŋ²¹pin⁵⁵tʻiu²¹lou²²

老 伯伯, 到 高第街 去
Lǎo bóbo, dào Gāodì Jiē qù

要 走 哪 条 路?
yào zǒu nǎ tiáo lù?

行 出 呢 条 巷,
haŋ²¹ tsʻɵt⁵ nei⁵⁵ tʻiu²¹ hɔŋ²²⁻³⁵

转 左 手 便, 再 行
tsyn³³ tsɔ³⁵ sɐu³⁵ pin²² tsɔi³³ haŋ²¹

— 105 —

有　几　耐　就　到。
mou²³ kei³⁵ nɔi²²⁻³⁵ tseu²² tou²²

走出　这条　胡同儿，朝
Zǒuchū zhè tiáo hútòng(r), cháo
左边儿　　拐，再　走
zuǒbiān(r)　guǎi, zài　zǒu
不一会儿　就到。
bùyíhuì(r) jiù dào.

## 七　月　五　日
ts'et⁵ jyt² ŋi²³ jet²

### Qī yuè wǔ rì

　　汽车总站　　　响
hei³³ ts'ɛ⁵³ tsoŋ³⁵ tsam²²　hœŋ³⁵
边　度？
pin⁵⁵ tou²²
汽车　　终点站　　在哪里？
Qìchē zhōngdiǎnzhàn zài nǎli?
　就　响　马路　斜
tseu²² hœŋ³⁵ ma²³ lou²² ts'ɛŋ²¹

对面　吟　亁　大树
tøy³³ min²² kɔ³⁵ p'ɔ⁵³ tai²² sy²²
侧边。
tsek⁵ pin⁵⁵

就　在　马路　斜　对面儿　那
Jiù zài mǎlù xié duìmiàn(r) nà
棵　大树　　旁边儿。
kē dàshù pángbiān(r).

## 七　月　六　日
ts'et⁵ jyt² lok² jet²

### Qī yuè liù rì

　　华南师范大学
wa²¹ nam²¹ si⁵³ fan²² tai²² hɔk²
系　唔　系　喺　前　便？
hei²² m²¹ hei²² hei³⁵ ts'in²¹ pin²²

　　华南师范大学　　是不
Huánán Shīfàn Dàxué shì bu

是 在　前面儿？
shì zài qiánmian(r)?

系，　过咗　　天桥　　再
hei²² kwɔ³³ tsɔ³⁵ tʰin⁵³ kʻiu²¹ tsɔi²²

向　北　行。
hœŋ³³ pek⁵ haŋ²¹

是，过了　立交桥　再　朝
Shì, guòle lìjiāoqiáo zài cháo

北 走。
běi zǒu.

## 七　月　七　日
tsʻet⁵ jyt² tsʻet⁵ jet²

## Qī yuè qī rì

去　　　华侨新村，
hØy³³ wa²¹ kʻiu²¹ sen⁵⁵ tsʻyn⁵⁵

行 边　条　路　近　啲
haŋ²¹ pin⁵⁵ tʻiu²¹ lou²² kʻen²³ ti⁵⁵

呢？
nɛ⁵⁵

到　华桥新村　去，走 哪
Dào Huáqiáo Xīncūn qù, zǒu nǎ

条 路 近 一点儿　呢？
tiáo lù jìn yìdiǎn(r) ne?

行　翻　转　头，　再
haŋ²¹ fan⁵³ tsyn³³ tʻeu²¹ tsɔi³³

转　右手　便 啦。
tsyn³³ jeu²² seu³⁵ pin²² la⁵⁵

往　回　走，再　向　右　拐
Wàng huí zǒu, zài xiàng yòu guǎi

吧。
ba.

# 七 月 八 日
tsʻet⁵ jyt² pat³ jet²

Qī yuè bā rì

先生，　　去　　　友谊商
sin⁵³ saŋ⁵³ hØy³³ jeu²³·²¹ ji²¹ sœn⁵³

店　行　呢　条　街　嗟
tim³³ haŋ²¹ nei⁵⁵ tʻiu²¹ kai⁵⁵ ŋam⁵⁵

唔　嗟？
m̩²¹ ŋam⁵⁵

先生，　　到　　友谊商-
Xiānsheng, dào Yǒuyì Shāng-

店 走 这 条 街,对 不 对？
diàn zǒu zhè tiáo jiē, duì bu duì?

行错　　嘞，要　行过
haŋ²¹ tsʻɔ³³ lak³ jiu³³ haŋ²¹ kwɔ³³

隔离　吟　条　　街　至
kak³ lei²¹ kɔ³⁵ tʻiu²¹ kai⁵⁵ tsi³³

嗟。
ŋam⁵⁵

走错 了，要 走过 隔壁 那
Zǒucuò le, yào zǒuguò gébì nà

条 街 才 对。
tiáo jiē cái duì.

# 七 月 九 日
tsʻet⁵ jyt² keu³⁵ jet²

Qī yuè jiǔ rì

由　　呢　度　　去
jeu²¹ nei⁵⁵ tou²² hØy³³

中国大酒店　　使
tsoŋ⁵³ kwɔk³ tai²² tseu³⁵ tim³³ sei³⁵

唔 使 坐 车？
m̩²¹ sei³⁵ tsʻɔ²³ tsʻɛ⁵⁵

从　　这里　　　到
Cóng zhèli dào

中国大酒店 去要不
Zhōngguó Dàjiǔdiàn qù yào bu

要 坐 车?
yào zuò chē?

唔 使, 好 近 啫, 掂
$m^{21}$ sei$^{35}$ hou$^{35}$ kʻɐn$^{23}$ tsɛ$^{55}$ tim$^{22}$

头 走 一 段 路, 就
tʻɐu$^{21}$ tseu$^{35}$ jet$^{5}$ tyn$^{22}$ lou$^{22}$ tseu$^{35}$

睇 到。
tʻei$^{35}$ tou$^{33-35}$

不 用, 很 近, 一直 走 一
Bú yòng, hěn jìn, yìzhí zǒu yí

段 路, 就 看见 了。
duàn lù, jiù kànjiàn le.

小姐, 动物园 后
siu$^{35}$ tsɛ$^{35}$ toŋ$^{22}$ met$^{2}$ jyn$^{21}$ heu$^{22}$

门 嗨 边 度?
mun$^{21-35}$ hei$^{35}$ pin$^{55}$ tou$^{22}$

小姐, 动物园儿
Xiǎojie, Dòngwùyuán(r)

后门儿 在 哪里?
hòumén(r) zài nǎli?

就 嗨 呢 左近,
tseu$^{22}$ hei$^{35}$ nei$^{55}$ tsɔ$^{35}$ kɐn$^{22-35}$

你 向 西 行 一阵,
nei$^{23}$ hœŋ$^{33}$ sei$^{53}$ haŋ$^{21}$ jet$^{5}$ tsɐn$^{22}$

再 问 下 人 哋 啦。
tsɔi$^{33}$ men$^{21}$ ha$^{23}$ jen$^{21}$ tei$^{22}$ la$^{55}$

# 七 月 十 日
tsʻɐt$^{5}$ jyt$^{2}$ sɐp$^{2}$ jet$^{2}$

Qī yuè shí rì

就 在 这儿 附近，你 朝 西
Jiù zài zhè(r) fùjìn, nǐ cháo xī
走 一会儿，再 问 一下儿
zǒu yíhuì(r), zài wèn yí xià(r)
别人 吧。
biérén ba.

## 生 词 表

1. 七月 tsʰet⁵jyt²　　　　　　七月 qī yuè

2. 问路 men²²lou²²　　　　　　问路 wèn lù

3. 中山纪念堂 tsoŋ⁵⁵san⁵⁵kei³⁵　中山纪念堂 Zhōngshān Jì -
　　　　　nim²²tʰɔŋ²¹　　　　　　niàntáng（专名）

4. 点行法 tim³⁵haŋ²¹fat³　　　　怎么走 zěnme zǒu

5. 顺住 sØn²²tsy²²　　　　　　沿着 yánzhe

6. 路 lou²²　　　　　　　　　路 lù

7. 一直 jet⁵tsek²　　　　　　一直 yìzhí

8. 文化公园 men²¹fa³³　　　　文化公园儿 Wénhuà Gōng -
　　　koŋ⁵³jyn²¹⁻³⁵　　　　　　yuán(r)（专名）

9. 离 lei²¹　　　　　　　　　离 lí

10. 远 jyn²³　　　　　　　　远 yuǎn

11. 一转弯 jet⁵tsyn³³wan⁵³　　一拐弯儿 yì guǎnwān(r)

12. 华南植物园 wa²¹nam²¹　　华南植物园 Huánán Zhí-
　　tsek²metʰ²jyn²¹⁻³⁵　　　　wùyuán（专名）

13. 郊外 kau⁵³ŋɔi²²　　　　　郊外 jiāowài

14. 阿伯 a³³pak³　　　　　　　老伯伯 lǎo bóbo

— 110 —

15. 高第街 kou⁵³ʨi²²kai⁵⁵     高第街 Gāodì Jiē（专名）

16. 巷 hɔŋ²²⁻³⁵     胡同儿 hútòng（r）

17. 左手便 tsɔ³⁵ɕeu³⁵pin²²     左边儿 zuǒbiān（r）

18. 冇几耐 mou²³kei³⁵nɔi²²⁻³⁵     不一会儿 bùyíhuì（r）

19. 汽车 hei³³ts'ɛ⁵³     汽车 qìchē

20. 总站 tsɔŋ³⁵tsam²²     终点站 zhōngdiǎnzhàn

21. 马路 ma²³lou²²     马路 mǎlù

22. 斜对面 ts'ɛ²¹tØy²²min²²     斜对面儿 xié duìmiàn（r）

23. 棵 p'ɔ⁵³     棵 kē

24. 大树 ta²²sy²²     大树 dàshù

25. 侧边 tsɐk⁵pin⁵⁵     旁边儿 pángbiān（r）

26. 华南师范大学 wa²¹nam²¹si⁵³fan²²tai²²hɔk²     华南师范大学 Huánán Shī-fàn Dàxué（专名）

27. 天桥 t'in⁵³k'iu²¹     立交桥 lìjiāoqiáo

28. 向 hœŋ³³     朝 cháo

29. 北 pɐk⁵     北 běi

30. 华侨新村 wa²¹k'iu²¹sɐn⁵⁵ts'yn⁵⁵     华侨新村 Huáqiáo Xīn-cūn（专名）

31. 近 k'ɐn²³     近 jìn

32. 行翻转头 haŋ²¹fan⁵³tsyn³³t'eu²¹     往回走 wàng huí zǒu

33. 右手便 jɐu²²ɕeu³⁵pin²²     右边儿 yòubiān（r）

— 111 —

34. **友谊商店** jen²³ji²¹sœŋ⁵³tim³³ 　　友谊商店 Yǒuyì Shāngdiàn

　　（专名）

35. **啱唔啱** ŋam⁵⁵m̩²¹ŋam⁵⁵ 　　对不对 duì bu duì

36. **隔离** kak³lei²¹ 　　隔壁 gébì

37. **中国大酒店** tsoŋ⁵³kwɔk³ 　　中国大酒店 Zhōngguó Dà-

　　tai²²tseu³⁵tim³³ 　　jiǔdiàn（专名）

38. **掂头走** tim²²t'eu²¹tseu³⁵ 　　一直走 yìzhí zǒu

39. **一段** jet⁵tyn²² 　　一段 yí duàn

40. **动物园** toŋ²²met²jyn²¹ 　　动物园儿 dòngwùyuán（r）

41. **后门** heu²²mun²¹⁻³⁵ 　　后门儿 hòumén（r）

42. **左近** tsɔ³⁵ken²²⁻³⁵ 　　附近 fùjìn

43. **西** sei⁵³ 　　西 xī


中旬　　　中旬

**tsoŋ⁵³ts'∅n²¹**　**Zhōngxún**


搭车　　　乘车

**tap³ts'ɛ⁵⁵**　**Chéngchē**

| 七 | 月 | 十 | 一 | 日 |
| --- | --- | --- | --- | --- |
| ts'et⁵ | jyt² | jet⁵ | jet⁵ | jet² |

**Qī yuè shíyī rì**

请　　大　　家　　准备
ts'ɛŋ³⁵　tai²²　ka⁵⁵　ts∅n³⁵pei²²
碎　　银　　买　　飞。
s∅y³³　ŋen²¹⁻³⁵　mai²³　fei⁵⁵

请　大家　准备　零钱
Qǐng　dàjiā　zhǔnbèi　língqián
买　票。
mǎi piào.

第　二　个　站　喺
tei²² ji²² kɔ³³ tsam²² 系 hei²²

北京路，　有　落车
pek⁵keŋ⁵³lou²² jeu²³ lɔk²ts'ɛ⁵⁵

嘅　请　准备。
kɛ³³ts'ɛŋ³⁵tsØn³⁵pei²²

下　一　站　是　北京路，有
Xià yí zhàn shì Běijīng Lù, yǒu
下　车　的　请　准备。
xià chē de qǐng zhǔnbèi.

七 月 十 二 日
ts'et⁵jyt²sœp²ji²²jet²

Qī yuè shí'èr rì

唔该　让　个　位　畀
m̩²¹kɔi⁵³ jœŋ²² kɔ³³ wei²²⁻³⁵ pei³⁵

呢个　阿婆　坐　啦
nei⁵⁵kɔ³³a³³p'ɔ²¹ts'ɔ²³la⁵⁵

劳驾　让　一个　座位　给
Láojià ràng yíge zuòwèi gěi
这个　老　奶奶　坐　吧。
zhège lǎo nǎinai zuò ba.

坐　喺　前便　啦，坐
ts'ɔ²³hei³⁵ts'in²¹pin²²la⁵⁵ts'ɔ²³

后便　好　扽　㗎。
heu²²pin²²hou³⁵ten³³ka³³

坐　在　前面儿　吧，坐
Zuò zài qiánmiàn(r) ba, zuò
后面儿　很　颠　的。
hòumian(r) hěn diān de.

— 113 —

**七 月 十 三 日**

ts'et⁵ jyt² sɐp² sam⁵³ jɐt²

Qī yuè shísān rì

到　　　　　人民公园，
tou³³　　　jɐn²¹mɛn²¹koŋ⁵³jyn²¹⁻³⁵

唔该 叫 我 落 车。
m̩²¹kɔi⁵³kiu³³ ŋɔ²³lɔk²ts'ɛ⁵⁵

到　　　人民公园儿，　　请
Dào　Rénmín Gōngyuán(r)，qǐng
叫 我 下 车。
jiào wǒ xià chē.

重　　有　　两　个　　站
tsoŋ²² jɐu²³ lœŋ²³ kɔ³³ tsam²²

就　到　嘞。
tsɐu²²tou³³lak³

还 有 两 站就 到 了。
Hái yǒu liǎng zhàn jiù dào le.

**七 月 十 四 日**

ts'et⁵ jyt² sɐp² sei³³ jɐt²

Qī yuè shísì rì

前面　　　　塞车　　好
ts'in²¹min²² tsɐt⁵ts'ɛ⁵⁵ hou³⁵

犀利，　　今日　　实
sei⁵³lei²² kɐm⁵³jɐt² sɐt²

迟到　嘞。
ts'i²¹tou³³lak³

前面儿　　交通　堵塞 很
Qiánmian(r) jiāotōng dǔsè hěn
厉害，　今天　　肯定　要
lìhai，jīntiān　kěndìng　yào
迟到　了。
chídào le.

早 知　嗽样，　不 如
tsou³⁵tsi⁵³kɐm³⁵jœŋ²²⁻³⁵ pɐt⁵jy²¹

— 114 —

坐　　单车　　重　好。
ts'ɔ²³ tan⁵⁵ ts'ɛ⁵⁵ tsoŋ²² hou³⁵

早　知道　这样，　还　不如　骑
Zǎo zhīdao zhèyàng, hái bùrú qí

自行车　呢。
zìxíngchē ne.

## 七　月　十五　日
ts'et⁵ jyt² sep² ŋ²³ jet²

## Qī yuè shíwǔ rì

去　　东山　　系　唔　系
hø y³³ toŋ⁵⁵ san⁵⁵ hei²² m²¹ hei²²

响　　呢个　　站　　落车
hœŋ³⁵ nei⁵⁵ kɔ³³ tsam²² lɔk² ts'ɛ⁵⁵

呀?
a³³

到　东山　去是不是在
Dào Dōngshān qù shì bu shì zài

这　站　下　车　呢?
zhèi zhàn xià chē ne?

要　再　换　　电车　　先
jiu³³ tsɔi³³ wun²² tim²² ts'ɛ⁵³ sin⁵³

至　到。
tsi³³ tou²²

要　再　转　电车　才　能
Yào zài zhuǎn diànchē cái néng

到。
dào.

## 七　月　十六　日
ts'et⁵ jyt² sep² lok² jet²

## Qī yuè shíliù rì

早班车　　　　同　　埋
tsou³⁵ pan⁵⁵ ts'ɛ⁵⁵ t'oŋ²¹ mai²¹

最　后　一　班　车　系
tsøy³³ heu²² jet⁵ pan⁵⁵ ts'ɛ⁵⁵ hei²²

几　点　钟　开　呀?
kei³⁵ tim³⁵ tsoŋ⁵⁵ hɔi⁵³ a³³

早班车　和　末班车　是　几
Zǎobānchē hé mòbānchē shì jǐ

点钟　开啊？
diǎnzhōng kāi a?

早班车　　　五　点　半
tsou³⁵pan⁵⁵ts'ε⁵⁵ ŋ²³ tim³⁵ pun³³

开，　　晚班车　　十　点
hɔi⁵³ man²³pan⁵⁵ts'ε⁵⁵ sæp² tim³⁵

半开。
pun³³hɔi⁵³

早班车　五　点　半开，
Zǎobānchē wǔ diǎn bàn kāi,

末班车　十　点　半开。
mòbānchē shí diǎn bàn kāi.

我哋　要　落车，唔　该
ŋ²³tei²² jiu³³ lɔk²ts'ε⁵⁵ m̩²¹ kɔi⁵³

借歪*。
tsε³³ mε³⁵

我们　要　下　车，请
Wǒmen yào xià chē, qǐng

让一让。
ràng yi ràng.

大家　唔　好　逼，等　落
tai²²ka⁵⁵ m̩²¹ hou³⁵ pek⁵ tɐŋ³⁵ lɔk²

晒　车　至　上　嚟。
sai³³ts'ε⁵⁵ tsi³³ sœŋ²³lei²¹

大家　不要　挤，等　下完
Dàjiā bú yào jǐ, děng xiàwán

车再　上来。
chē zài shànglai.

# 七　月　十七　日
ts'ɐt⁵jyt²sæp²ts'ɐt⁵jɐt²

Qī yuè shíqī rì

**七 月 十 八 日**
ts'et⁵jyt²sep²pat³jet²

Qī yuè shíbā rì

22 号 车 咁 逼,
ji²²sep²ji²²hou²²ts'ɛ⁵⁵kem³³pek⁵

去 坐 专线车 啦。
hØy³³ts'ɔ²³tsyn⁵³sin³³ts'ɛ⁵⁵la⁵⁵

22 路车 那么 挤,去
Èrshí'èr lù chē nàme jǐ, qù

坐 专线车 吧。
zuò zhuānxiànchē ba.

坐 双层 巴士
ts'ɔ²³ sœŋ⁵³ts'en²¹ pa⁵⁵si²²⁻³⁵

都 得。
tou⁵⁵tek⁵

坐 双层 汽车 也
Zuò shuāngcéng qìchē yě

可以。
kěyǐ.

**七 月 十 九 日**
ts'et⁵jyt²sep²keu³⁵jet²

Qī yuè shíjiǔ rì

等 咁耐 都 冇 巴
teŋ³⁵kem³³nɔi²²tou⁵⁵mou²³pa⁵⁵

士 嚟,不如 打 的 啦。
si²²⁻³⁵lei²¹pet⁵jy²¹ta³⁵tek⁵la⁵⁵

等 这么 久 都 没
Děng zhème jiǔ dōu méi

公共 汽车 来,不如 拦
gōnggòng qìchē lái,bùrú lán

— 117 —

出租　汽车　吧。
chūzū　qìchē　ba.

坐　　的士　快　好　多。
ts'ɔ²³tek⁵si²²⁻³⁵fai³³hou³⁵tɔ⁵³

坐　出租　汽车　快　得　多。
Zuò chūzū　qìchē　kài　de duō.

## 七 月 二 十 日
ts'et⁵jyt²si²²sɐp²jet²

Qī yuè èrshí rì

司机　　大佬，　我哋　要
si⁵⁵kei⁵⁵　tai²²lou³⁵　ŋ²³tei²²　jiu³³

去　白鹤洞。
h∅y³³pak²hɔk²toŋ²²⁻³⁵

司机，　我们　要　去　白鹤-
Sījī,　wǒmen　yào　qù　Báihè-
洞。
dòng.

请　　你哋　　将　　啲
ts'ɛŋ³⁵　nei²³tei²²　tsœŋ⁵³　ti⁵⁵

行李　放　喺　车　后
heŋ²¹lei²³　fɔŋ³³　hei³⁵　ts'ɛ⁵⁵　heu²²

便　啦。
pin²²la⁵⁵

请　你们　把　那些　行李　放
Qǐng nǐmen bǎ nàxiē xíngli fàng
在　车　后面儿　吧。
zài chē hòumian(r) ba.

## 生 词 表

1. 搭车 tap³ts'ɛ⁵⁵　　　　　乘车 chéng chē

2. 碎银 s∅y³³ŋɐn²¹⁻³⁵　　　　零钱 língqián

3. 站 tsam²²　　　　　　　站 zhàn

4. 北京路 pɐk⁵keŋ⁵³lou²²　　北京路 Běijīng Lù(专名)

5. 落车 lɔk²tsʻɛ⁵⁵                 下车 xià chē

6. 阿婆 a³³pʻɔ²¹                 老奶奶 lǎo nǎinai

7. 后便 heu²²pin²²              后面儿 hòumian（r）

8. 扽 ten³³                       颠 diān

9. 人民公园 jen²¹men²¹kɔŋ⁵³     人民公园儿 Rénmín Gōng -
             jyn²¹⁻³⁵                      yuán（r）（专名）

10. 两个 lœŋ²³kɔ³³             两个 liǎng ge

11. 犀利 sei⁵³lei²²              厉害 lìhai

12. 实 sek²                      肯定 kěndìng

13. 噉样 kem³⁵jœŋ²²⁻³⁵          这样 zhèyàng

14. 不如 pet⁵jy²¹               不如 bùrú

15. 单车 tan⁵⁵tsʻɛ⁵⁵            自行车 zìxíngchē

16. 东山 tɔŋ⁵⁵san⁵⁵            东山 Dōngshān（专名）

17. 换 wun²²                     转 zhuǎn

18. 先至 si⁵³tsi³³               才 cái

19. 电车 tim²²tsʻɛ⁵³            电车 diànchē

20. 早班车 tsou³⁵pan⁵⁵tsʻɛ⁵⁵    早班车 zǎobānchē

21. 晚班车 man²³pan⁵⁵tsʻɛ⁵⁵    末班车 mòbānchē

22. 五点半 ŋ²³tim³⁵pun³³     五点半 wǔ diǎn bàn

23. 十点半 sep²tim³⁵pun³³     十点半 shí diǎn bàn

24. 借歪ᵃ tsɛ³³mɛ³⁵          借光 jiè guāng，
                          让一让 ràng yi ràng

25. 逼 pek⁵                     挤 jǐ

26. 上嚟 sœŋ²³lei²¹ 上来 shànglai

27. 22号 ji²²sɐp²ji²²hou²² 22路 èrshí'èr lù

28. 专线车 tsyn⁵³sin³³tsʻɛ⁵⁵ 专线车 zhuānxiànchē

29. 双层巴士 sœŋ⁵³tsʻɐŋ²¹ 双层汽车 shuāngcéng
         pa⁵⁵si²²⁻³⁵ qìchē

30. 巴士 pa⁵⁵si²²⁻³⁵（英文 bus） 公共汽车 gōnggòng
         qìchē

31. 的士 tek⁵si²²⁻³⁵（英文 taxi） 出租汽车 chūzū qìchē

32. 打的 ta³⁵tek⁵（"的"是 拦出租汽车 lán chūzū
     "的士"的简略语） qìchē

33. 司机大佬 si⁵⁵kei⁵⁵tai²² 司机 sījī
         lou³⁵

34. 白鹤洞 pak²hɔk²toŋ²²⁻³⁵ 白鹤洞 Báihèdòng（专名）

35. 将 tsœŋ⁵³ 把 bǎ

36. 行李 hɐŋ²¹lei²³ 行李 xíngli


下旬      下旬
ha²²tsʻⱷn²¹    Xiàxún

买飞      买票
mai²³fei⁵⁵    Mǎi piào

七 月 二 十 一 日   |   今 日 有 新 片
tsʻɐt⁵jyt²ji²²sɐp²jɐt⁵jɐt²   |   kɐm⁵³jɐt²jɐu²³sɐn⁵³pʻin³³⁻³⁵

Qī yuè èrshíyī rì

放映， 去 买 飞 睇
fɔŋ³³ jeŋ³⁵ hØy³³ mai²³ fei⁵⁵ t'ei³⁵

电影， 好 嘛?
tin²² jeŋ²³ hou³⁵ ma²³

今天 有 新 片子 放映，
Jīntiān yǒu xīn piānzi fàngyìng,

去买 票 看 电影， 好
qù mǎi piào kàn diànyǐng, hǎo

吗?
ma?

哗! 咁 多 人 排
wa kɛm³³ tɔ⁵³ jen²¹ p'ai²¹

队 嘅， 唔 知 买 唔
tØy²²⁻³⁵ kɛ³⁵ m̩²¹ tsi⁵³ mai²³ m̩²¹

买到 好 位。
mai²³ tou³³⁻³⁵ hou³⁵ wei²²⁻³⁵

嗬! 那么 多 人 排队，不
Hè! Nàme duō rén páiduì, bù

知道 能 不 能 买到
zhīdao néng bu néng mǎidào

好 座位。
hǎo zuòwèi.

呢 出 功夫片，
nei⁵⁵ ts'Øt⁵ koŋ⁵³ fu⁵³ p'in³³⁻³⁵

场场 爆满， 好
ts'œŋ²¹ts'œŋ²¹ pau³³ mun²³ hou³⁵

难 买到 飞。
nan²¹ mai²³ tou³³⁻³⁵ fei⁵⁵

七 月 二十 二 日
ts'et⁵ jyt² ji²² sɐp² ji²² jɐt²

Qī yuè èrshí'èr rì

这 套 武打片， 场场
Zhè tào wǔdǎpiàn, chǎngchǎng

满座， 很 难 买到 票。
mǎnzuò, hěn nán mǎidào piào.

早 啲 嚟 排 队
tsou$^{35}$ ti$^{55}$ lei$^{21}$ p'ai$^{21}$ tøy$^{22-35}$

就 好 嘞。
tseu$^{22}$hou$^{35}$lak$^{3}$

早点儿 来 排队 就 好
Zǎodiǎn(r) lái páiduì jiù hǎo

了。
le.

七 月 二 十 三 日
ts'et$^{5}$jyt$^{2}$ji$^{22}$sɐp$^{2}$sam$^{53}$jɐt$^{2}$

Qī yuè èrshísān rì

唔该 畀 两 张
m̩$^{21}$kɔi$^{53}$ pei$^{35}$ lœŋ$^{23}$ tsœŋ$^{53}$

午夜场 嘅 飞过 我。
ŋ$^{23}$je$^{22}$ts'œŋ$^{21}$kɛ$^{33}$fei$^{55}$kwɔ$^{33}$ŋɔ$^{23}$

请 给 我 两 张
Qǐng gěi wǒ liǎng zhāng

午夜场 的 票。
wǔyèchǎng de piào.

卖剩 啲 靠 边 嘅
mai$^{22}$tsɛŋ$^{22}$ ti$^{55}$ k'au$^{33}$ pin$^{55}$ kɛ$^{33}$

座位 嘞。
tsɔ$^{22}$wei$^{22-35}$lak$^{3}$

只 剩下 一些 靠 边儿
Zhǐ shèngxia yìxiē kào biān(r)

的 座位 了。
de zuòwèi le.

七　月　二十四　日
tsʻet⁵ jyt² ji²² sep² sei³³ jet²

Qī yuè èrshísì rì

你　买到　第　几　排
nei²³ mai²³ tou³³⁻³⁵ tei²² kei³⁵ pʻai²¹

嘅飞呢？
kɛ³³ fɛ⁵⁵ nɛ⁵⁵

你 买到 第 几 排 的 票？
Nǐ mǎidào dì jǐ pái de piào?

楼下　　18　排，　7
Lou²¹ ha²² sep² pat³ pʻai²¹ tsʻet⁵

号　同　9　号
hou²² tʻoŋ²¹ keu³⁵ hou²²

楼下　18　排，7　号和 9
Lóuxià shíbā pái, qī hào hé jiǔ
号。
hào.

七　月　二十五　日
tsʻet⁵ jyt² ji²² sep² ŋ²³ jet²

Qī yuè èrshíwǔ rì

唔该　　你　都　我　买
m²¹ kɔ⁵³ nei²³ pɔŋ⁵³ ŋɔ²³ mai²³

三　　张　　杂技团
sam⁵³ tsœŋ⁵³ tsap² kei²² tʻyn²¹

表演　嘅飞啦。
piu³⁵ jin³⁵ kɛ³³ fei⁵⁵ la⁵⁵

麻烦你替我买三　张
Máfan nǐ tì wǒ mǎi sān zhāng

杂技团　表演　的　票 吧。
zájìtuán biǎoyǎn de piào ba.

我　托下　熟人　买 啦，
ŋɔ²³ tʻɔk³ hai²³ sok² jen²¹ mai²³ la⁵⁵

唔知 买 唔　买到
m²¹ tsi⁵³ mai²³ m²¹ mai²³ tou³³⁻³⁵

— 123 —

喋。
ka$^{33}$

我 托 一下儿 熟人 买
Wǒ tuō yíxia(r) shóurén mǎi

吧, 不 知道 能 不 能
ba, bù zhīdao néng bu néng

买到。
mǎidào.

## 七月 二十六 日
ts'et$^5$jyt$^2$ji$^{22}$ sep$^2$lok$^2$jet$^2$

### Qī yuè èrshíliù rì

天河　　　　体育馆
t'in$^{53}$hɔ$^{21}$　　t'ei$^{35}$jok$^2$kun$^{35}$

歌星　　　　演唱会
kɔ$^{53}$seŋ$^{53}$　jin$^{35}$ts'œŋ$^{33}$wui$^{22-35}$

嘅　入场券　　几 多
kɛ$^{33}$ jep$^2$ts'œŋ$^{21}$kyn$^{33}$ kei$^{35}$ tɔ$^{55}$

钱 一 张 呀?
ts'in$^{21-35}$ jet$^5$tsœŋ$^{53}$ a$^{33}$

天河　　体育馆　　歌星
Tiānhé Tǐyùguǎn gēxīng

演唱会 的 入场券
yǎnchànghuì de rùchǎngquàn

多少 钱一 张?
duōshao qián yì zhāng?

四十 文。
sei$^{33}$ sep$^2$men$^{21-55}$

四十 元。
Sìshí yuán.

吓哦　　发烧友　　一早
kɔ$^{35}$ti$^{55}$ fat$^3$siu$^{53}$ jeu$^{23-35}$ jet$^5$tsou$^{35}$

## 七月 二十七 日
ts'et$^5$jyt$^2$ji$^{22}$ sep$^2$ts'et$^5$jet$^2$

### Qī yuè èrshíqī rì

就 排 队 买飞。
tseu²² pʻai²¹ tøy²²⁻³⁵ mai²³fei⁵⁵

那些 发烧友 一清早儿
Nàxiē fāshāoyǒu yìqīngzǎo(r)
就排队 买票。
jiù pái duì mǎipiào.

听歌 嘅 多数 系 啲
tʻɛŋ⁵³kɔ⁵⁵ kɛ³³ tɔ⁵³sou³³ hei²² ti⁵⁵

歌迷 同 拥趸, 人
kɔ⁵⁵mei²¹ tʻoŋ²¹ joŋ³⁵ten³⁵ jen²¹

多 到 爆晒棚。
tɔ⁵³tou³³pau³³sai³³pʻaŋ²¹

听 歌儿 的 多数 是 那些
Tīng gē(r) de duōshù shì nàxiē
歌迷和 捧场者, 人 太
gēmí hé pěngchǎngzhě, rén tài
多, 挤得 满满的。
duō, jǐ de mǎnmān de.

我 细佬 最 中意
ŋɔ²³ sei³³lou³⁵ tsøy³³ tsoŋ⁵³ji³³

听歌, 周时 去 扑
tʻɛŋ⁵⁵kɔ⁵⁵ tseu⁵³si²¹ høy³³ pʻɔk³

飞。
fei⁵⁵

我弟弟最 喜欢 听 歌儿,
Wǒ dìdi zuì xǐhuan tīng gē(r),
常常 奔走 买票。
chángcháng bēnzǒu mǎi piào.

七 月 二十八 日
tsʻet⁵jyt²ji²²sɐp²pat³jet²

Qī yuè èrshíbā rì

千祈　　咪　　买
ts'in⁵³k'ei²¹　mei²³　mai²³

炒飞,　贵　到　飞　起
ts'au³⁵fei⁵⁵kwei³³tou³³fei⁵³hei³⁵

㗏。
ka³³

千万　别买　黑市票,贵
Qiānwàn bié mǎi hēishìpiào, guì
得不得了。
de bù déliǎo.

**七　月　二十九　日**
ts'et⁵jyt²ji²²sep²keu³⁵jet²

Qī yuè èrshíjiǔ rì

你　中　唔　中意　睇
nei²³tsoŋ⁵³m²¹tsoŋ⁵³ji³³t'ei³⁵

大戏　呀? 我　买　咗
tai²²hei³³a³³ ŋɔ²³mai²³tsɔ³⁵

前　六　排　嘅飞,　请
ts'in²¹lok²p'ai²¹kɛ³³fei⁵⁵ts'ɛŋ³⁵

你　睇。
nei²³t'ei³⁵

你喜不喜欢　看　粤剧　啊?
Nǐ xǐ bu xǐhuan kàn yuèjù a?
我　买了　前　六　排　的　票,
Wǒ mǎile qián liù pái de piào,
请　你　看。
qǐng nǐ kàn.

**七　月　三十　日**
ts'et⁵jyt²sam⁵³sep²jet²

Qī yuè sānshí rì

好耐　　冇　睇　话
hou³⁵nɔi²²mou²³t'ei³⁵wa²²⁻³⁵

剧　嘞。　今晚　　友谊
k'ɛk²lak³kem⁵³man²³jeu²³ji²¹

剧场　　　有　　演出，
k'ɛk²ts'œŋ²¹ jeu²³ jin³⁵ts'∅t⁵

去　买　飞　好　嘛？
h∅y³³mai²³fei⁵⁵hou³⁵ma²³

很 久 没 看 话剧 了。今晚
Hěn jiǔ méi kàn huàjù le. Jīnwǎn

友谊剧场　有　演出，去
Yǒuyì Jùchǎng yǒu yǎnchū, qù

买　票　好　吗？
mǎi piào hǎo ma?

# 七　月　三十一　日
ts'et⁵ jyt² sam⁵³ sep² jet⁵ jet²

## Qī yuè sānshíyī rì

唔该　　畀　六　　张
m̩²¹kɔi⁵³ pei³⁵ lok² tsœŋ⁵³

游园　　　晚会　　　嘅
jeu²¹jyn²¹ man²³wui²²⁻³⁵ kɛ³³

入场券　我。
jep²ts'œŋ²¹kyn³³ŋɔ²³

劳驾 给我 六 张 游园
Láojià gěi wǒ liù zhāng yóuyuán

晚会 的 入场券。
wǎnhuì de rùchǎngquàn.

总共　　三十　　文。
tsoŋ³⁵kɔŋ²² sam⁵³ sep² men²¹⁻⁵⁵

总共　三十　元。
Zǒnggòng sānshí yuán.

# 生 词 表

1. 飞 fei⁵⁵（英文 fare） 票 piào

2. 新片 sɛn⁵³pʻin³³⁻³⁵ 新片子 xīn piānzi

3. 放映 fɔŋ³³jeŋ³⁵ 放映 fàngyìng

4. 排队 pʻai²¹tØy²²⁻³⁵ 排队 pái duì

5. 功夫片 koŋ⁵³fu⁵³pʻin³³⁻³⁵ 武打片 wǔdǎpiàn

6. 场场 tsʻœŋ²¹tsʻœŋ²¹ 场场 chǎngchǎng

7. 爆满 pau³³mun²³ 满座 mǎnzuò

8. 难 nan²¹ 难 nán

9. 午夜场 ŋ̩²³jɛ²²tsʻœŋ²¹ 午夜场 wǔyèchǎng

10. 靠边 kʻau³³pin⁵⁵ 靠边儿 kàobiān（r）

11. 位 wei²²⁻³⁵ 座位 zuòwèi

12. 第几排 tɕei²²kei³⁵pʻai²¹ 第几排 dì jǐ pái

13. 楼下 lɐu²¹ha²² 楼下 lóuxià

14. 7号 tsʻɐt⁵hou²² 7号 qī hào

15. 杂技团 tsap²kei²²tʻyn²¹ 杂技团 zájìtuán

16. 托 tʻɔkˀ³ 托 tuō

17. 熟人 sokˀ²jɐn²¹ 熟人 shóurén

18. 人场券 jɐpˀ²tsʻœŋ²¹kyn³³ 人场券 rùchǎngquàn

19. 四十文 sei²²sɐpˀ²mɐn²¹⁻⁵⁵ 四十元 shìshí yuán

20. 发烧友 fatˀ³siu⁵³jɐu²³⁻³⁵ 发烧友 fāshāoyǒu

21. 一早 je t⁵tsou³⁵　　　　　　一清早儿 yìqīngzǎo(r)

22. 多数 tɔ⁵³sou³³　　　　　　　多数 duōshù

23. 歌迷 kɔ⁵⁵mei²¹　　　　　　　歌迷 gēmí

24. 拥趸 joŋ³⁵tɐn³⁵　　　　　　　捧场者 pěngchǎngzhě

25. 爆棚 pau³³p'aŋ²¹　　　　　　满座 mǎnzuò，

　　　　　　　　　　　　　　　满满的 mǎnmànde

26. 细佬 sei³³lou³⁵　　　　　　　弟弟 dìdi

27. 周时 tsɐu⁵³si²¹　　　　　　　常常 chángcháng

28. 扑飞 p'ɔk³fei⁵⁵　　　　　　　奔走买票 bēnzǒu

　　　　　　　　　　　　　　　　　mǎi piào

29. 炒飞 ts'au³⁵fei⁵⁵　　　　　　卖黑市票 mài hēishì

　　　　　　　　　　　　　　　　　piào

30. 飞起 fei⁵³hei³⁵　　　　　　　不得了 bù déliǎo

31. 大戏 tai²²hei³³　　　　　　　粤剧 yuèjù

32. 话剧 wa²²⁻³⁵k'ɛk²　　　　　　话剧 huàjù

33. 友谊剧场 jɐu²³ji²¹　　　　　　友谊剧场 Yǒuyì Jù-

　　　　k'ɛk²ts'œŋ²¹　　　　　　　chǎng（专名）

34. 演出 jin³⁵ts'Øt⁵　　　　　　　演出 yǎnchū

35. 游园晚会 jɐu²¹jyn²¹　　　　　游园晚会 yóuyuán

　　　　man²³wui²²⁻³⁵　　　　　　　wǎnhuì

36. 总共 tsoŋ³⁵koŋ²²　　　　　　总共 zǒnggòng

# 八　月　　八　月
## pat³ jyt²　Bā yuè

上旬　　上旬
sœŋ²²ts'∅n²¹　Shàngxún

旅游　　旅游
l∅y²³jɐu²¹　Lǔyóu

**八 月 一 日**
pat³ jyt² jɐt⁵ jɐt²

Bā yuè yī rì

暑假　　打算　　　去
sy³⁵ka³³　ta³⁵syn³³　h∅y³³
边度　　旅游　呀？
pin⁵⁵tou²²l∅y²³jɐu²¹a³³

暑假　打算　到　哪儿 去
Shǔjià dǎsuàn dào nǎr qù
旅游 呢？
lǔyóu ne?

想　　去　　　昆明
sœŋ³⁵　h∅y³³　k'wen²¹meŋ²¹

避下　暑。
pei²²ha²³sy³⁵

— 130 —

中国人民解放军建军节

tsoŋ⁵³kwɔk³jɐn²¹mɐn²¹

kai³⁵fɔŋ³³kwɐn⁵⁵

kin³³kwɐn⁵⁵tsit³

中国人民解放军建军节
Zhōngguó Rénmín
Jiěfàngjūn
Jiànjūn Jié

**八 月 二 日**
pat³ jyt² ji²² jɐt²

Bā yuè èr rì

想　到　昆明　去　避一
Xiǎng dào Kūnmíng qù bì yí
下儿　暑。
xiàr shǔ.

我　中意　去　游山
ŋɔ²³ tsoŋ⁵³ji³³ hØy³³ jɐu²¹san⁵³

玩水。
wun²²sØy³⁵

我　喜欢　去　游山
Wǒ xǐhuan qù yóushān-
玩水。
wánshuǐ.

噉,　去　桂林　最
kɛm³⁵hØy³³kwei³³lɛm²¹tsØy³³

嗱,　吖度　有　名
ŋam⁵⁵ kɔ³⁵tou²² jɐu²³ mɛŋ³⁵

"山水甲天下"。
san⁵³sØy³⁵kap³'in⁵³ha²²

那么,去　桂林　最　合适,人
Nàme, qù Guìlín zuì héshì, rén
都　说　那里　"山水甲
dōu shuō nàli "shānshuǐ jiǎ
天下"。
tiānxià".

**八 月 三 日**
pat³ jyt² sam⁵³ jɐt²

Bā yuè sān rì

杭州　嘅　西湖
hɔŋ²¹tsɐu⁵³ kɛ³³ sei⁵³wu²¹

风景　好　靓。
foŋ⁵³keŋ³⁵hou³⁵lɛŋ³³

杭州　的　西湖　风景
Hángzhōu de Xīhú fēngjǐng

真　　漂亮。
zhēn piàoliang.

　　苏州　亦　有　好　多
sou⁵³ tsœu⁵³ jek² jɐu²³ hou³⁵ tɔ⁵³

　　好玩　嘅　地方。
hou³⁵ wan³⁵ kɛ³³ tei²² fɔŋ⁵³

苏州 也 有 很 多 好玩儿
Sūzhōu yě yǒu hěn duō hǎowánr

的 地方。
de dìfang.

　　我　最　　欢喜　爬　山，
ŋɔ²³ tsØy³³ hun⁵³ hei³⁵ pʻa²¹ san⁵³

　　晨早　睇　　日出　嘅
sɐn²¹ tsou³⁵ tʻei³⁵ jet² tsʻØt⁵ kɛ³³

　　奇景。
kʻei²¹ keŋ³⁵

我 最 喜欢 爬 山，
Wǒ zuì xǐhuan pá shān,

清晨 看 日出 的 奇景。
qīngchén kàn rìchū de qíjǐng.

　　黄山　　吟度　山　高
wɔŋ²¹ san⁵³ kɔ³⁵ tou²² san⁵³ kou⁵³

　　气温　　底，　　听讲
hei³³ wɐn⁵³ tei⁵³ tʻɛŋ⁵³ kɔŋ³⁵

　　天时热　都　要　着
tʻin²¹ si²¹ jit² tou⁵⁵ jiu³³ tsœk³

　　厚衫。
hɐu²³ sam⁵⁵

黄山 那里 山 高
Huáng Shān nàli shān gāo

气温 底， 听说 夏天 都
qìwēn dī, tīngshuō xiàtiān dōu

要 穿 厚 衣服。
yào chuān hòu yīfu.

## 八 月 五 日
pat³jyt² ŋ̩²³ jet²

Bā yuè wǔ rì

你　　　去　　　　香港
nei²³　　høy³³　　hœŋ⁵³kɔŋ³⁵

玩过　　未　呀？
wan³⁵kwɔ³³mei²²a³³

你　去　香港　　玩儿过
Nǐ　qù　Xiānggǎng　wán(r)guo

没有　啊？
méiyǒu a?

香港　　嘅　　海洋公
hœŋ⁵³kɔŋ³⁵　kɛ³³　hɔi³⁵jœŋ²¹kɔŋ⁵³

园　　同埋　　　浅水
jyn²¹⁻³⁵t'oŋ²¹mai²¹ts'in³⁵søy³⁵

湾　都　　值得　　去
wan⁵⁵　tou⁵⁵　tsek²tek⁵　høy³³

玩下，　　　浅　水　湾
wan³⁵ha²³　ts'in³⁵søy³⁵wan⁵⁵

有　"天下第一湾"　嘅
jeu²³t'in⁵³ha²²tei²²jet⁵wan⁵⁵kɛ³³

美　称。
mei²³ts'eŋ⁵³

香港　　　的　　海洋
Xiānggǎng　de　Hǎiyáng

公园儿　和　浅　水　湾
Gōngyuán(r) hé Qiǎnshuǐ Wān

都　值得　去　玩儿　一　下儿，
dōu zhíde qù wán(r) yí xià(r),

浅　水　湾　有　"天下
Qiǎnshuǐ Wān yǒu "Tiānxià

## 八 月 六 日
pat³ jyt² lok² jet²

Bā yuè liù rì

---

第一湾" 的 美称。
Dì-yī Wān"de měichēng.

深圳 嘅 中国
sem⁵³tsen³³ kɛ³³ tsoŋ⁵³kwɔk³

民俗文化村
men²¹sok²men²¹fa³³ts'yn⁵⁵

好 有意思, 可以
hou³⁵ jeu²³ji³³si⁵³ hɔ³⁵ji²³

睇到 各 种 民
t'ei³⁵tou³³⁻³⁵ kɔk³ tsoŋ³⁵ men²¹

族 嘅 建筑 同
tsok² kɛ³³ kin³³tsok⁵ t'oŋ²¹

服装。
fok²tsɔŋ⁵⁵

深圳 的 中国民俗
Shēnzhèn de Zhōngguó Mínsú

文化村 很 有意思,可以
Wénhuà Cūn hěn yǒuyìsi, kěyǐ

看到 各 种 民族 的
kàndào gè zhǒng mínzú de

建筑 和 服装。
jiànzhù hé fúzhuāng.

重 有 锦绣
tsoŋ²² jeu²³ kem³⁵seu³³

中华缩景区,
tsoŋ⁵³wa²¹sok⁵keŋ³⁵k'Øy⁵³

都 值得 游览 㗎。
tou⁵⁵tsek⁵tek⁵jeu²¹lam²³ka³³

还　　有　　　　锦绣中华
Hái　yǒu　Jǐnxiù Zhōnghuá

缩景区，都　值得　游览。
Suōjǐngqū, dōu zhíde yóulǎn.

## 八 月 七 日
pat³ jyt² tsʻet⁵ jet²

Bā yuè qī rì

珠海　　嘅　　　度假屋
tsy⁵³hɔi³⁵　kɛ³³　tou²²ka³³ok⁵

款式　多，起　得　灵舍
fun³⁵sek⁵tɔ⁵³hei³⁵tek⁵leŋ²¹sɛ³³

有　特色。
jeu²³tek⁵sek⁵

珠海　的　度假别墅　款式
Zhūhǎi de dùjià biéshù kuǎnshì

多，盖得特别有　特色。
duō, gài de tèbié yǒu tèsè.

响　珠海　游船　　河，
hœŋ³⁵tsy⁵³hɔi³⁵jeu²¹syn²¹-hɔ²¹⁻³⁵

望　得见　澳门　嘅
mɔŋ²²tek⁵kin³³ou³³mun²¹⁻³⁵kɛ⁵⁵

街。
kai⁵⁵

在　珠海　坐　船　游览，
Zài Zhūhǎi zuò chuán yóulǎn,

可以　望见　澳门　的
kěyǐ wàngjiàn Àomén de

街道。
jiēdào.

## 八 月 八 日
pat³ jyt² pat³ jet²

Bā yuè bā rì

我　唔　想　去　咁　远，
ŋɔ²³m²¹sœŋ³⁵hØy³³kem³³jyn²³

广东　　重　有　好　多
kwɔŋ³⁵ toŋ⁵³ tsoŋ²² jeu²³ hou³⁵ tɔ⁵³

地方　　好玩　　嘅。
tei²² fɔŋ⁵⁵ hou³⁵ wan³⁵ kɛ³³

我 不 想 走 得 太 远，
Wǒ bù xiǎng zǒu de tài yuǎn,

广东　　还　有　很　多
Guǎngdōng hái yǒu hěn duō

好玩　的 地方。
hǎowán(r) de dìfāng.

去　　　　　　　太阳岛
hØy³³　　　　　t'ai³³ jœŋ²¹ tou³⁵

游水　亦　唔错
jeu²¹ sØy³⁵ jek² m̩²¹ ts'ɔ³³

去　太阳岛　　游泳　也
Qù Tàiyáng Dǎo yóuyǒng yě

不错。
búcuò.

我　觉得　　　游车河
ŋɔ²³ kɔk³ tek⁵ jeu²¹ ts'ɛ⁵⁵ hɔ²¹⁻³⁵

同　　　游船河　　　　至
t'oŋ²¹　jeu²¹ syn²¹ hɔ²¹⁻³⁵　　tsi³³

有意思。
jeu²³ ji³³ si⁵³

我　觉得 坐 汽车 兜　风 和
Wǒ juéde zuò qìchī dōu fēng hé

坐　　船　游览 最　有意思。
zuò chuán yóulǎn zuì yǒuyìsi.

## 八 月 九 日
pat³ jyt² keu³⁵ jet²

Bā yuè jiǔ rì

系 呀， 响　　海珠桥
hei²² a³³ hœŋ³⁵ hɔi³⁵ tsy⁵⁵ k'iu²¹

周围　　睇下　　珠江
tsɐu⁵³ wei²¹ t'ɐi³⁵ ha²³ tsy⁵³ kɔŋ⁵³

夜景　　几好　呀！
jɛ²² keŋ³⁵ kei³⁵ hou³⁵ a³³

是 啊，在　海珠桥　四周
Shì a, zài Hǎizhū Qiáo sìzhōu
看 一 下儿　珠江　夜景
kàn yí xià(r) Zhūjiāng yèjǐng
多 好 啊！
duō hǎo a!

要　去　　旅行　　就
jiu³³ hɵy³³ lɵy²³ heŋ²¹ tsɐu²²

同　　中国　　　旅行
t'oŋ⁵³ tsoŋ⁵³ kwɔk³ lɵy²³ heŋ²¹

社　联系　啦。
sɛ³⁵ lyn²¹ hei²² la⁵⁵

要 去 旅行 就 跟　中国
Yào qù lǚxíng jiù gēn Zhōngguó
旅行社　联系 吧。
Lǚxíngshè liánxì ba.

可以　　跟埋　　旅行
hɔ³⁵ yi²³ kɐn⁵³ mai²¹ lɵy²³ heŋ²¹

团　去　旅行。
t'yn²¹ hɵy²³ lɵy²³ heŋ²¹

可以 跟　旅行团 去 旅行。
Kěyǐ gēn lǚxíngtuán qù lǚxíng.

# 八 月 十 日
pat³ jyt² sɐp² jet²

Bā yuè shí rì

— 137 —

# 生 词 表

1. 八月 pat³jyt²      八月 bā yuè

2. 旅游 lØy²³jeu²¹      旅游 lǚyóu

3. 暑假 sy³⁵ka³³      暑假 shǔjià

4. 打算 ta³⁵syn³³      打算 dǎsuàn

5. 昆明 k'wen²¹meŋ²¹      昆明 Kūnmíng(专名)

6. 避暑 pei²²sy³⁵      避暑 bìshǔ

7. 游山玩水 jeu²¹san⁵³      游山玩水 yóushān-
         wun²²sØy³⁵          wánshuǐ

8. 桂林 kwei³³lem²¹      桂林 Guìlín(专名)

9. 有名 jeu²³mɛŋ³⁵      著名 zhùmíng

10. 山水甲天下 saŋ⁵³sØy³⁵      山水甲天下 shānshuǐ
         kap³ t'in⁵³ha²²          jiǎ tiānxià

11. 杭州 hoŋ²¹tseu⁵³      杭州 Hángzhōu(专名)

12. 西湖 sei⁵³wu²¹      西湖 Xīhú(专名)

13. 苏州 sou⁵³tseu⁵³      苏州 Sūzhōu(专名)

14. 欢喜 hun⁵³hei³⁵      喜欢 xǐhuan

15. 爬山 p'a²¹san⁵³      爬山 pá shān

16. 晨早 sen²¹tsou³⁵      清晨 qīngchén

17. 日出 jet²ts'Øt⁵      日出 rìchū

18. 奇景 k'ei²¹keŋ³⁵      奇景 qíjǐng

19. 山 san⁵³      山 shān

20. 黄山 woŋ²¹san⁵³ 　　　　　黄山 Huáng Shān（专名）

21. 高 kou⁵³ 　　　　　　　　高 gāo

22. 气温 hei³³wɐn⁵³ 　　　　　气温 qìwēn

23. 低 tɐi⁵³ 　　　　　　　　　低 dī

24. 听讲 t'ɛŋ⁵³kɔŋ³⁵ 　　　　　听说 tīngshuō

25. 天时热 t'in⁵³si²¹jit² 　　　　夏天 xiàtiān

26. 着 tsœk³ 　　　　　　　　　穿 chuān

27. 厚衫 hu²³sam⁵⁵ 　　　　　　厚衣服 hòu yīfu

28. 海洋公园 hɔi³⁵jœŋ²¹ 　　　　海洋公园儿 Hǎiyáng
　　　　kɔŋ⁵³jyn²¹⁻³⁵ 　　　　　　　Gōngyuán(r)（专名）

29. 浅水湾 ts'in³⁵sØy³⁵ 　　　　浅水湾 Qiǎnshuǐ
　　　wan⁵⁵ 　　　　　　　　　　　Wān（专名）

30. 天下第一湾 t'in⁵³ha²² 　　　天下第一湾 Tiānxià
　　　tɐi²²jɐt⁵wan⁵⁵ 　　　　　　　Dì-yī Wān

31. 美称 mei²³ts'eŋ⁵³ 　　　　　美称 měichēng

32. 深圳 sɐm⁵³tsɐn³³ 　　　　　深圳 Shēnzhèn（专名）

33. 中国民俗文化村 　　　　　　中国民俗文化村
tsoŋ⁵³kwɔk³mɐn²¹sok²mɐn²¹fa³³ts'yn⁵⁵　Zhōngguó Mínsú Wénhuà
　　　　　　　　　　　　　　　　　　Cūn　（专名）

34. 民族 mɐn²¹tsok² 　　　　　民族 mínzú

35. 建筑 kin³³tsok⁵ 　　　　　建筑 jiànzhù

36. 服装 fok²tsɔŋ⁵⁵ 　　　　　服装 fúzhuāng

37. 锦绣中华缩景区 kɐm³⁵sɐu³³ 　锦绣中华缩景区 Jǐnxiù
　　tsoŋ⁵³wa²¹sok⁵kɐŋ³⁵k'Øy⁵³ 　　　Zhōnghuá Suōjǐngqū
　　　　　　　　　　　　　　　　　　（专名）

38. 游览 jɐu²¹lam²³ 　　　　　游览 yóulǎn

　　　　　　　　　　　　　　　　　— 139 —

39. 珠海 tsy⁵³hɔi³⁵          **珠海 Zhūhǎi**(专名)

40. 度假屋 tou²²ka³³ok⁵      **度假别墅 dùjià biéshù**

41. 灵舍 leŋ²¹sɛ³³          **特别 tèbié**

42. 特色 tɐk²sek⁵          **特色 tèsè**

43. 游船河 jɐu²¹syn²¹hɔ²¹⁻³⁵    **坐船游览 zuò chuán yóulǎn**

44. 望见 mɔŋ²²kin³³        **望见 wàngjiàn**

45. 广东 kwɔŋ³⁵toŋ⁵³       **广东 Guǎngdōng**(专名)

46. 亦 jek²              **也 yě**

47. 太阳岛 t'ai³³jœŋ²¹tou³⁵    **太阳岛 Tàiyáng Dǎo**(专名)

48. 游水 jɐu²¹sØy³⁵        **游泳 yóuyǒng**

49. 游车河 jɐu²¹ts'ɛ⁵⁵hɔ²¹⁻³⁵   **兜风 dōu fēng**

50. 海珠桥 hɔi³⁵tsy⁵⁵k'iu²¹    **海珠桥 Hǎizhū Qiáo**(专名)

51. 周围 tsɐu⁵³wei²¹       **四周 sìzhōu**

52. 旅行 lØy²³heŋ²¹       **旅行 lǔxíng**

53. 跟埋 kɐn⁵³mai²¹       **跟着 gēnzhe**

54. 旅行团 lØy²³heŋ²¹t'yn²¹   **旅行团 lǔxíngtuán**

中旬　　　　中旬

tsoŋ⁵³ts'∅n²¹　Zhōngxún

响　火车站　　在　火车站

hœŋ³⁵fɔ³⁵ts'ɛ⁵³tsam²²　Zài huǒchēzhàn

八　月　十一　日

pat³jyt²sep²je t⁵je t²

Bā yuè shíyī rì

我　买　一　张　　12　号

ŋɔ²³mai²³je t⁵tsœŋ⁵³sep⁵ji²²hou²²

由　　　广州　　　　到

jeu²¹　　kwɔŋ³⁵tseu²¹　　tou³⁵

北京　　16　　次　特快

pek⁵keŋ⁵³sep²lok²ts'i³³tek²fai³³

硬卧　票。

ŋaŋ²²ŋɔ²²p'iu³³

我买一张　　12　号

Wǒ mǎi yì zhāng shí'èr hào

从　　广州　　到　北京　的

cóng Guǎngzhōu dào Běijīng de

16　次　特快　硬卧　票。

shíliù cì tèkuài yìngwò piào.

16　　次　特快　卖晒，

sep²lok²ts'i³³tek²fai³³mai²²sai³³

剩翻　　48　　次

seŋ²²fan⁵³sei³³sep²pat³ts'i³³

特快 嘅喇。
te k²fai³³kɛ³³la³³

16 次 特快 卖完 了，只
Shíliù cì tèkuài màiwán le, zhǐ

剩下 48 次 特快的
shèngxià sìshíbā cì tèkuài de

了。
le.

## 八 月 十二 日
pat³jyt²sep²ji²²je t²

Bā yuè shí'èr rì

有 冇 去 上海 嘅
jeu²³mou²³h∅y³³sœŋ²²hɔi³⁵kɛ³³

软席 卧铺 票 呀？
jyn²³tsek²ŋɔ²²p'ou⁵⁵p'iu³³a³³

有 没 有 到 上海 去 的
Yǒu méi yǒu dào Shànghǎi qù de

软席 卧铺 票 啊？
ruǎnxí wòpù piào a?

你 想 要 上铺 定
nei²³sœŋ³⁵jiu²²sœŋ²²p'ou⁵⁵teŋ²²

下铺？
ha²²p'ou⁵⁵

你 想 要 上铺 还是
Nǐ xiǎng yào shàngpù háisi

下铺 呢？
xiàpù ne?

## 八 月 十三 日
pat³jyt²sep²sam⁵³je t²

Bā yuè shísān rì

去 深圳 嘅
h∅y³³ sɐm⁵³tsɐn³³ kɛ³³

空调 直快 车 每
hoŋ⁵³t'iu²¹tsek²fai³³ts'ɛ⁵⁵ mui²³

日 有 几 次？
je t²jeu²³kei³⁵ts'i³³

去　深圳　的　空调　直
Qù Shēnzhèn de kōngtiáo zhí-

快车　每　天　有　几次?
kuàichē měi tiān yǒu jǐ cì?

两次，　上昼　　七
lœŋ²³ ts'i³³ sœŋ²² tsɐu³³ ts'ɐt⁵

点　四　个　字　同　九
tim³⁵ sei³³ kɔ³³ tsi²² t'oŋ²¹ kɐu³⁵

点钟　开车。
tim³⁵ tsoŋ⁵⁵ hɔi³³ ts'ɛ⁵⁵

两　次，上午　七　点　二十
Liǎng cì, shàngwǔ qī diǎn èrshí

分和九　点钟　开车。
fēn hé jiǔ diǎnzhōng kāichē.

请　问　去　　香港
ts'ɛŋ³⁵ men²² hØy³³ hœŋ⁵³ kɔŋ³⁵

## 八 月 十四 日
pat³ jyt² sɐp² sei³³ jet²

Bā yuè shísì rì

九龙　嘅　　直通车
kɐu³⁵ loŋ²¹ kɛ³³ tsek² t'oŋ⁵⁵ ts'ɛ⁵⁵

由　边度　入　站　呀?
jɐu²¹ pin⁵⁵ tou²² jɐp² tsam²² a³³

请　问　到　香港　九龙
Qǐng wèn dào Xiānggǎng Jiǔlóng

的　直通车　在　哪里 进　站
de zhítōngchē zài nǎli jìn zhàn

呢?
ne?

火车站　　正门
fɔ³⁵ ts'ɛ⁵³ tsam²² tseŋ³³ mun²¹

附近　　　另外　　　有　个
fu²²kɛn²²　lɛŋ²²ŋɔi²²　jɛu²³　kɔ³³

广九　　　　　直通车
kwɔŋ³⁵kɛu³⁵　　tsek²t'oŋ⁵⁵ts'ɛ⁵⁵

入站处。
jɛp²tsam²²ts'y³³

火车站　　　正门儿　　附近
Huǒchēzhàn　zhèngmén(r) fùjìn

另外　　　有个　　　广九
lìngwài　yǒu ge　Guǎng-Jiǔ

直通车　　进站处。
zhítōngchē jìnzhànchù.

呢⁵⁵次　车　几　　点钟
nei⁵⁵ts'i³³ts'ɛ⁵⁵kei³⁵ tim³⁵tsoŋ⁵⁵

到　长沙　呀?
tou²²ts'œŋ²¹sa⁵³a³³

这　次　车　几　点钟　到
Zhè cì chē jǐ diǎnzhōng dào

长沙　呢?
Chángshā ne?

呢⁵⁵次　系　慢车，要
nei⁵⁵ts'i³³hei²²man²²ts'ɛ⁵⁵jiu³³

夜晚　　　将近　　　十
jɛ²²man²³　tsœŋ⁵⁵kɛn²²　sɛp²

点钟，　先至　到得。
tim³⁵tsoŋ⁵⁵sin⁵³tsi³³tou³³tek⁵

这次是　慢车，要
Zhè cì shì mànchē, yào

八月 十五 日
pat³jyt²sɛp²ŋ²³jɛt²

Bā yuè shíwǔ rì

点钟　才　能　到．
diǎnzhōng cái néng dào.

大件　嘅　　行李　　同
ta²²kin²² kɛ³³ heŋ²¹lei²³ t'oŋ²¹
家俬　点　办　　托运
ka⁵³si⁵³ tin³⁵ pan²² t'ɔk⁵wen²²

手续　呀？
seu³⁵tsok⁵ a³³

大件 的 行李 和 家具 怎样
Dàjiàn de xíngli hé jiājù zěnyàng
办 托运 手续 呢？
bàn tuōyùn shǒuxù ne?

要　　凭　　火车票
jiu³³ p'eŋ²¹ fɔ³⁵ts'ɛ⁵³p'iu³³

提前　办　托运．
t'ei²¹ts'in²¹pan²²t'ɔk³wen²²

要　凭　火车票　提前　办
Yào píng huǒchēpiào tíqián bàn
托运．
tuōyùn.

## 八 月 十六 日
pat³jyt²sœp²lok²jet²

Bā yuè shíliù rì

就　嚟　开始　　入　　站，
tseu²²lei²¹hɔi⁵³ts'i³⁵fep²tsam²²

请　大家　拎　　火车
ts'ɛŋ³⁵ tai²²ka⁵⁵ leŋ⁵³ fɔ³⁵ts'ɛ⁵³
票　出　嚟．
p'iu³³ts'⊘t⁵lei²¹

## 八 月 十七 日
pat³jyt²sœp²ts'et⁵jet²

Bā yuè shíqī rì

马上　开始　进　站，请
Mǎshàng kāishǐ jìn zhàn, qǐng

大家把　火车票　拿　出来。
dàjiā bǎ huǒchēpiào ná chulai.

请　　打开　哦　行李
ts'ɛŋ³⁵ ta³⁵hɔi⁵³ ti⁵⁵ heŋ²¹lei²³

检查　一下。
kim³⁵ts'a²¹ jet⁵ha²³

请　把　行李　打开　检查　一
Qǐng bǎ xíngli dǎkāi jiǎnchá yí

下儿。
xià(r).

响　　南宁　嚟　嘅
hœn³⁵　nam²¹neŋ²¹　lei²¹　kɛ³³

火车　到咗　未　呀？
fɔ³⁵ts'ɛ⁵³tou³³tsɔ³⁵mei²²a³³

从　　南宁　来　的　火车
Cóng Nánníng lái de huǒchē

到了　没有？
dàole méiyǒu?

差唔多　六　点钟　至，
ts'a⁵³m̩²¹tɔ⁵⁵lok²tim³⁵tsoŋ⁵⁵tsi³³

到　而家　重　争　三
tou³³ji²¹ka⁵⁵tsoŋ²²tsaŋ⁵³sam⁵³

个字。
kɔ³³tsi²²

差不多　六　点钟　才
Chàbuduō liù diǎnzhōng cái

到，现在　还　差　十五
dào, xiànzài hái chà shíwǔ

八 月 十八 日
pat³jyt²sɛp²pat³jet²

Bā yuè shíbā rì

分钟。
fēnzhōng.

## 八 月 十九 日
pat³jyt²sep²keu³⁵jet²

Bā yuè shíjiǔ rì

唔该　　　　买　　　　张
m̩²¹kɔ⁵³　　　mai²³　　　tsœŋ⁵³

月台票。
jyt²t'ɔi²¹p'iu³³

劳驾买一张　　站台票。
Láo jià mǎi yì zhāng zhàntáipiào.

由　　杭州　　嚟　　嘅
jeu²¹　hɔŋ²¹tseu⁵³　lei²¹　kɛ³³

　　　109　　　次　列
jet⁵pak³leŋ²¹keu³⁵　ts'i³³　lit²

车　快　到　站　嘞。
ts'ɛ⁵⁵fa³³tou³³tsam²²lak².

从　　杭州　　来　的
Cóng　Hángzhōu　lái　de
　109　次　列车　快　到
yāolíngjiǔ cì lièchē kuài dào

站　了。
zhàn le.

## 八 月 二十 日
pat³jyt²ji²²sep²jet²

Bā yuè èrshí rì

火车　　准时　　到，　冇
fɔ³⁵ts'ɛ⁵³　tsØn³⁵si²¹　tou³³　mou²³

误点。
ŋ̩²²tim³⁵

火车　　准时　　到，　　没
Huǒchē　zhǔnshí　dào，　méi

晚点。
wǎndiǎn.

好多人　　出　嚟　嘞，
hou³⁵tɔ⁵³jen²¹ts'Øt⁵lei²¹lak³

快 啲 走去 睇下，
fai³³ ti⁵⁵ tsɐu³⁵ hØy³³ tɐi³⁵ ha²³

揾 唔 揾 到
wen³⁵ m̩²¹ wen³⁵ tou³³⁻³⁵

叶先生。
jip² sin⁵³ saŋ⁵³

很 多 人 出来 了，
Hěn duō rén chūlai le,
快点儿 跑去 看 一 下儿，
kuàidiǎn(r) pǎoqù kàn yí xiar,
能 不 能 找到 叶
néng bu néng zhǎodào Yè
先生。
xiānsheng.

## 生 词 表

1. 火车站 fɔ³⁵ts'ɛ⁵³tsam²²　　　　　火车站 huǒchēzhàn

2. 12号 sep²ji²²hou²²　　　　　12号 shí'èr hào

3. 由 jeu²¹　　　　　从 cóng

4. 16次 sep⁵lok²ts'i³³　　　　　16次 shíliù cì

5. 特快 tek²fai³³　　　　　特快 tèkuài

6. 硬卧 ŋaŋ²²ŋɔ²²　　　　　硬卧 yìngwò

7. 票 p'iu³³　　　　　票 piào

8. 48次 sei³³sep²pat³ts'i³³　　　　　48次 sìshíbā cì

9. 软席 jyn²³tsek²　　　　　软席 ruǎnxí

10. 卧铺 ŋɔ²²p'ou⁵⁵　　　　　卧铺 wòpù

— 148 —

11. 上铺 sœŋ²²pʻou⁵⁵      上铺 shàngpù

12. 下铺 ha²²pʻou⁵⁵      下铺 xiàpù

13. 空调 hoŋ⁵³tʻiu²¹      空调 kōngtiáo

14. 直快 tsek²fai³³      直快 zhíkuài

15. 每日 mui²³ȵet²      每天 měitiān

16. 七点 tsʻet⁵tim³⁵      七点 qī diǎn

17. 四个字 sei³³kɔ³³tsi²²      二十分钟 èrshí fēnzhōng

18. 九点钟 kɐu³⁵tim³⁵tsoŋ⁵⁵      九点钟 jiǔ diǎnzhōng

19. 开车 hɔi⁵⁵tsʻɛ⁵⁵      开车 kāi chē

20. 九龙 kɐu³⁵loŋ²¹      九龙 Jiǔlóng（专名）

21. 直通车 tsek⁵tʻoŋ⁵⁵tsʻɛ⁵⁵      直通车 zhítōngchē

22. 入站 ȵep²tsam²²      进站 jìn zhàn

23. 正门 tseŋ³³mun²¹      正门儿 zhèngmén（r）

24. 附近 fu²²kɐn²²      附近 fùjìn

25. 另外 leŋ²²ŋɔi²²      另外 lìngwài

26. 广九 kwɔŋ³⁵kɐu³⁵      广九 Guǎng - Jiǔ（专名）

27. 入站处 ȵep²tsam²²tsʻy³³      进站处 jìnzhànchù

28. 长沙 tsʻœŋ²¹sa⁵³      长沙 Chángshā（专名）

29. 慢车 man²²tsʻɛ⁵⁵      慢车 mànchē

30. 夜晚 ȵɛ²²man²³      晚上 wǎnshang

31. 将近 tsœŋ⁵³kɐn²²      快到 kuài dào

32. 十点钟 sɐp²tim³⁵tsoŋ⁵⁵      十点钟 shí diǎnzhōng

33. 大件 tai²²kin²²      大件 dàjiàn

34. 凭 p'eŋ²¹      凭 píng

35. 托运 t'ɔk³wen²²      托运 tuōyùn

36. 手续 sɐu³⁵tsok²      手续 shǒuxù

37. 提前 t'ei²¹ts'in²¹      提前 tíqián

38. 就嘞 tsɐu²²lei²¹      马上 mǎshàng

39. 开始 hɔi⁵³ts'i³⁵      开始 kāishǐ

40. 拎 leŋ⁵³      拿 ná

41. 检查 kim³⁵ts'a²¹      检查 jiǎnchá

42. 南宁 nam²¹neŋ²¹      南宁 Nánníng(专名)

43. 差唔多 ts'a⁵³m̩²¹tɔ⁵⁵      差不多 chàbuduō

44. 三个字 sam⁵³kɔ³³tsi²²      十五分钟 shíwǔ fēnzhōng

45. 六点钟 lok²tim³⁵tsoŋ⁵⁵      六点钟 liù diǎnzhōng

46. 月台票 jyt²t'ɔi²¹p'iu³³      站台票 zhàntáipiào

47. 109次 jet⁵pak³leŋ²¹kɐu³⁵ts'i³³      109次 yāolíngjiǔ cì

48. 列车 lit²ts'ɛ⁵⁵      列车 lièchē

49. 准时 tsØn³⁵si²¹      准时 zhǔnshí

50. 出嚟 ts'Øt⁵lei²¹      出来 chūlái

51. 走去 tsɐu³⁵hØy³³      跑去 pǎoqù

52. 误点 ŋ̩²²tim³⁵      晚点 wǎndiǎn

53. 叶(姓)jip²      叶 Yè(姓)

下旬　　　　　下旬
ha²² ts'∅n²¹　Xiàxún

响　飞　机　场　　　在　飞机场
hœŋ³⁵ fei⁵³ kei⁵³ ts'œŋ²¹　Zài fēijīchǎng

八　月　二十一　日
pat³ jyt² ji²² sep² jet⁵ jet²

Bā yuè èrshíyī rì

呢度　　　系　　　民航
nei⁵⁵ tou²²　hei²²　men²¹ hɔŋ²¹

售票处。
seu²² p'iu³³ ts'y³³

这里　是　民航　　售票
Zhèli shì mínháng shòupiào-
处。
chù.

我　要　订　一　张　下
ŋɔ²³ jiu³³ teŋ²² jet⁵ tsœŋ⁵³ ha²²

星期二　　去　　成都
seŋ⁵³ k'ei²¹ ji²² hØy³³ seŋ²¹ tou⁵³
嘅　飞机票。
kɛ³³ fei⁵³ kei⁵³ p'iu³³

我　要　订　一　张　下
Wǒ yào dìng yì zhāng xià
星期二　到　成都　去　的
xīngqī'èr dào Chéngdū qù de
飞机票。
fēijīpiào.

— 151 —

八　月　二十二　日
pat³jyt²ji²²sɐp²ji²²jɛt²

Bā yuè èrshí'èr rì

去　　　哈尔滨　　　嘅
hØy³³　ha⁵³ji²³pɐn⁵³　　kɛ³³

班机　每　星期　有
pan⁵⁵kei⁵⁵mui²³sɐŋ⁵³k'ei²¹jɐu²³

几多　次　呀？
kei³⁵tɔ⁵⁵ts'i³³a³³

到　哈尔滨　去　的　班机　每
Dào Hā'ěrbīn qù de bānjī měi

星期　有　多少　次　呢？
xīngqī yǒu duōshao cì ne?

两次，　　星期一　　同
lœŋ²³ts'i³³ sɐŋ⁵³k'ei²¹jɛt⁵t'oŋ²¹

星期三。
sɐŋ⁵³k'ei²¹sam⁵³

两　　次，　星期一　　和
Liǎng　cì,　xīngqīyī　hé

星期三。
xīngqīsān.

八　月　二十三　日
pat³jyt²ji²²sɐp²sam⁵³jɛt²

Bā yuè èrshísān rì

去　　　海南岛　　　三亚
hØy²²hɔi³⁵nam²¹tou³⁵sam⁵³a³³

嘅　班机　半路　响
kɛ³³pan⁵⁵kei⁵⁵pun³³lou²²hœŋ³⁵

边处　停站　呀？
pin⁵⁵ts'y³³t'ɐŋ²¹tsam³³a³³

到　海南岛　三亚　去　的
Dào Hǎinándǎo Sānyà qù de

班机　中途　在　哪里　停
bānjī zhōngtú zài nǎli tíng

站　呢？
zhàn ne?

响　　湛江。
hœŋ³⁵ tsam³³ koŋ⁵³

在　　湛江。
Zài Zhànjiāng.

## 八月 二十四 日
pat³ jyt² ji²² sɐp² sei³³ jet²

Bā yuè èrshísì rì

白　云　机　场　　　到
pak² wen²¹ kei⁵⁵ ts'œŋ²¹　　 tou³³

咗　　嘞，　请　　　大　家
tsɔ³⁵　 lak³　 ts'ɛŋ³⁵　 tai²² ka⁵⁵

落车　　去　　　 候机室
lɔk² ts'ɛ⁵⁵　 hØy³³　 heu²² kei⁵⁵ sɐt⁵

坐坐　　先　啦。
ts'ɔ²³ ts'ɔ²³ sin⁵⁵ la⁵⁵

白云机场　　已经　到　了，
Báiyún Jīchǎng yǐjing dào le,

请　大家　下　车　先　去
qǐng dàjiā xià chē xiān qù

候机室　坐坐　吧。
hòujīshì zuòzuo ba.

## 八月 二十五 日
pat³ jyt² ji²² sɐp² ŋ²³ jet²

Bā yuè èrshíwǔ rì

要　　填　一　张　　行李
jiu³³ t'in²¹ jet⁵ tsœŋ⁵³ heŋ²¹ lei²³

申报单，　　填好　　后
sɐn⁵³ pou³³ tan⁵⁵ t'in²¹ hou³⁵ heu²²

要　　同　　　证件
jiu³³　 t'oŋ²¹　　 tseŋ³³ kin²²⁻³⁵

一齐　交畀　　海关
jet⁵ ts'ei²¹ kau⁵³ pei³⁵ hɔi³³ kwan⁵⁵

人员　　检查。
jɐn²¹ jyn²¹ kim³⁵ ts'a²¹

— 153 —

要　　填　　一　　张　　行李
Yào tián yì zhāng xíngli

申报单，　填好　后　要　和
shēnbàodān, tiánhǎo hòu yào hé

证件　　一起　交给　海关
zhèngjiàn yìqǐ jiāo gěi hǎiguān

人员　检查。
rényuán jiǎnchá.

## 八 月 二 十 六 日

pat³jyt²ji²²sɐp²lok²jet²

**Bā yuè èrshíliù rì**

每²³　　　个³³　　　　旅客
mui²³　　　kɔ³³　　　　lØy²³hak³

　随身　　　　可以　　带
ts'Øy²¹sen⁵³　　hɔ³⁵ji²³　tai³³

几多　　行李　呀?
kei³⁵tɔ⁵⁵heŋ²¹lei²³a³³

每　个　旅客　随身　可以　带
Měi ge lǚkè suíshēn kěyǐ dài

多少　行李　呢?
duōshao xíngli ne?

每²³　人²¹　限²²　带³³　　5
mui²³ jen²¹ han²² tai³³　　ŋ²³

公斤。
koŋ⁵³ken⁵³

每人　限带　5　公斤。
Měi rén xiàn dài wǔ gōngjīn.

## 八 月 二 十 七 日

pat³jyt²ji²²sɐp²ts'ɐt⁵jet²

**Bā yuè èrshíqī rì**

请　你　将　啲　行李
ts'ɛŋ³⁵nei²³tsœŋ⁵³ti⁵⁵heŋ²¹lei²³

磅　一　下。
pɔŋ²²jet⁵ha²³

请 你 把 那些 行李 称
Qǐng nǐ bǎ nàxiē xíngli chēng

一 下儿。
yí xià(r).

嗱 嗱 5 公斤， 有
ŋam⁵⁵ ŋam⁵⁵ ŋ̍ koŋ⁵³ ken⁵³ mou²³

超重。
ts'iu⁵³ ts'oŋ²³

刚好 5 公斤， 没
Gānghǎo wǔ gōngjīn, méi

超重。
chāozhòng.

先生， 请 将
sin⁵³saŋ⁵³ ts'ɛŋ³⁵ tsœŋ⁵³

护照 同 机票 畀
wu²²tsiu³³ t'oŋ²¹kei⁵⁵ p'iu³³ pei³⁵

我 睇下。
ŋo²³ t'ei³⁵ha²³

先生， 请 把 护照 和
Xiānsheng, qǐng bǎ hùzhào hé

机票 给 我 看 一 下儿。
jīpiào gěi wǒ kàn yí xià(r).

去 西安 嘅 飞机
hØy³³ sei⁵³ɔn⁵³ kɛ³³ fei⁵³kei⁵³

就 要 起飞， 请
tseu²² jiu³³ hei³⁵fei⁵³ ts'ɛŋ³⁵

大家 准备 上
tai²²ka⁵⁵ tsØn³⁵pei²² sœŋ²³

飞机。
fei⁵³kei⁵³

八 月 二十八 日
pat³ jyt² ji²² sɐp² pat³ jɐt²

Bā yuè èrshíbā rì

八 月 二十九 日
pat³ jyt² ji²² sɐp² kɐu³⁵ jɐt²

Bā yuè èrshíjiǔ rì

去 西安 的 飞机 就 要 起飞
Qù Xī'ān de fēijī jiù yào qǐfēi

了， 请 大家 准备 上
le, qǐng dàjiā zhǔnbèi shàng

飞机。
fēijī.

## 八月 三十 日
pat³ jyt² sam⁵³ sep² jet²

### Bā yuè sānshí rì

去 海口 嘅 飞机
hØy³³ hɔi³⁵ heu³⁵ kɛ³³ fei⁵³ kei⁵³

点 解 重 唔 起飞 㗎？
tin³⁵ kai³⁵ tsoŋ²² m²¹ hei³⁵ fei⁵³ ka³³

到 海口 去 的 飞机 为
Dào Hǎikǒu qù de fēijī wèi

什么 还 不 起飞 啊？
shénme hái bù qǐfēi a?

事关 天气 唔好，
si⁵³ kwan⁵³ t'in⁵³ hei³³ m²¹ hou³⁵

要 推迟 起飞
jiu³³ t'Øy⁵³ ts'i²¹ hei³⁵ fei⁵³

由于 天气 不 好，要 推迟
Yóuyú tiānqì bù hǎo, yào tuīchí

起飞。
qǐfēi.

## 八月 三十一 日
pat³ jyt² sam⁵³ sep² jet⁵ jet²

### Bā yuè sānshíyī rì

响 汕头 飞嚟 嘅
hœŋ³⁵ san³³ t'eu²¹ fei⁵³ lei²¹ kɛ³³

班机 经已 降落，
pan⁵⁵ kei⁵⁵ keŋ⁵³ ji²³ kɔŋ³³ lɔk²

旅客 都 落紧
lØy²³ hak³ tou⁵⁵ lɔk² ken³⁵

飞机 嘞。
fei⁵³ kei⁵³ lak³

— 156 —

从　　汕头　飞来　的　班机
Cóng Shàntóu fēilái de bānjī

已经　　降落，旅客　正在
yǐjīng jiàngluò, lǚkè zhèngzài

下飞机。
xià fēijī.

快　　啲　　去　　帮
fai³³ ti⁵⁵ hØy³³ pɔŋ⁵³

麦小姐　拎　行李　啦
mek² siu³⁵ tsɛ³⁵ leŋ⁵³ heŋ²¹ lei²³ la⁵⁵

快点儿(r)　　去　　帮
Kuàidiǎn(r) qù bāng

麦小姐　拿 行李 吧。
Mài xiǎojie ná xíngli ba.

## 生 词 表

1. 飞机场 fei⁵³kei⁵³ts 'œŋ²¹ 　　　飞机场 fēijīchǎng

2. 民航 men²¹hɔŋ²¹ 　　　　　　民航 mínháng

3. 售票处 sɐu²²p 'iu³³ts 'y³³ 　　　售票处 shòupiàochù

4. 订 teŋ²² 　　　　　　　　订 dìng

5. 星期二 seŋ⁵³k 'ei²¹ji²² 　　　星期二 xīngqī'èr

6. 成都 seŋ²¹tou⁵³ 　　　　　成都 Chéngdū(专名)

7. 哈尔滨 ha⁵³ji²³pen⁵³ 　　　哈尔滨 Hā'ěrbīn(专名)

8. 班机 pan⁵⁵kei⁵⁵ 　　　　　班机 bānjī

9. 星期一 seŋ⁵³k 'ei²¹jɛt⁵ 　　　星期一 xīngqīyī

10. 星期三 seŋ⁵³k 'ei²¹sam⁵³ 　　星期三 xīngqīsān

11. 海南岛 hɔi³⁵nam²¹tou³⁵      海南岛 Hǎinándǎo（专名）

12. 三亚 sam⁵³a³³      三亚 Sānyà（专名）

13. 半路 pun³³lou²²      中途 zhōngtú

14. 停站 t'eŋ²¹tsam²²      停站 tíngzhàn

15. 湛江 tsam³³kɔŋ⁵³      湛江 Zhànjiāng（专名）

16. 白云机场 pak²wen²¹      白云机场 Báiyún

         kei⁵⁵ts'œŋ²¹          Jīchǎng（专名）

17. 候机室 heu²²kei⁵⁵sɐt⁵      候机室 hòujīshì

18. 填 t'in²¹      填 tián

19. 申报单 sɐn⁵³pou³³tan⁵⁵      申报单 shēnbàodān

20. 证件 tseŋ³³kin²²⁻³⁵      证件 zhèngjiàn

21. 海关人员 hɔi³⁵ kwan⁵⁵      海关人员 hǎiguān rényuán

         jɐn²¹jyn²¹

22. 旅客 lØy²³hak³      旅客 lǚkè

23. 随身 ts'Øy²¹sɐn⁵³      随身 suíshēn

24. 磅 pɔŋ²²      称 chēng

25. 公斤 kɔŋ⁵³kɐn⁵³      公斤 gōngjīn

26. 超重 ts'iu⁵³ts'oŋ²³      超重 chāozhòng

27. 护照 wu²²tsiu³³      护照 hùzhào

28. 西安 sɐi⁵³ɔn⁵³      西安 Xī'ān（专名）

29. 飞机 fei⁵³kei⁵³      飞机 fēijī

30. 起飞 hei³⁵fei⁵³      起飞 qǐfēi

31. 海口 hɔi⁵³heu³⁵      海口 Hǎikǒu（专名）

32. 点解 tim³⁵kai³⁵          为什么 wèi shénme

33. 天气 t'in⁵³hei³³          天气 tiānqì

34. 推迟 t'Øy⁵³ts'i²¹          推迟 tuīchí

35. 汕头 san³³t'eu²¹          汕头 Shàntóu（专名）

36. 班机 pan⁵⁵kei⁵⁵          班机 bānjī

37. 降落 kɔŋ³³lɔk²          降落 jiàngluò

38. 落紧 lɔk²ken³⁵          正在下 zhèngzài xià

39. 麦 mek²（姓）          麦 Mài（姓）

# 九 月　九 月
kɐu³⁵jyt² 　Jiǔ　yuè

上旬・　　上旬
sœŋ²²ts'∅n²¹ 　Shàngxún

响宾馆　　在宾馆
hœŋ³⁵pɐn⁵³kun³⁵ 　Zài bīnguǎn

九 月 一 日
kɐu³⁵jyt²jɐt⁵jɐt²

Jiǔ　yuè　yī　rì

我　想　租　一　个
ŋɔ²³　sœŋ³⁵　tsou⁵³　jɐt⁵　kɔ³³

单人房，　平　啲　嘅，
tan⁵³jɐn²¹fɔŋ²¹⁻³⁵　p'ɛŋ²¹ti⁵⁵kɛ³³

几多　钱　一　晚　呀？
kei³⁵tɔ⁵⁵ts'in²¹⁻³⁵　jɐt⁵man²³a³³

我　想　租一个　单人房，
Wǒ xiǎng zū yí ge dānrénfáng,
便宜　一点儿　的，　多少
piányi yìdiǎn(r) de, duōshao

— 160 —

钱 一 晚上？

qián yì wǎnshang?

## 九 月 二 日

keu³⁵ jyt² ji²² jet²

Jiǔ yuè èr rì

有²³ 有²³ 好³⁵ 啲⁵⁵ 嘅³³

jeu²³ mou²³ hou³⁵ ti⁵⁵ kɛ³³

双人房？

sœŋ⁵⁵ jen²¹ fɔŋ²¹⁻³⁵

有 没 有 好 一点儿 的

Yǒu méi yǒu hǎo yìdiǎnr de

双人房？

shuāngrénfáng?

要 有 冲凉房

jiu³³ jeu²³ ts'oŋ⁵³ lœŋ²¹ fɔŋ²¹⁻³⁵

同理 厕所 嘅。

t'oŋ²¹ mai²¹ ts'i³³ sɔ³⁵ kɛ³³

要 有 浴室 和 厕所 的。

Yào yǒu yùshì hé cèsuǒ de.

你 嘅 房间 喺 三

nei²³ kɛ³³ fɔŋ²¹ kan⁵³ hei³⁵ sam⁵³

## 九 月 三 日

keu³⁵ jyt² sam⁵³ jet²

Jiǔ yuè sān rì

楼 308 号。

leu²¹⁻³⁵ sam⁵³ leŋ²¹ pat³ hou²²

你 的 房间 在 三 楼

Nǐ de fángjiān zài sān lóu

308 号。

sānlíngbā hào.

畀 条 锁匙 你。

pei³⁵ t'iu²¹ sɔ³⁵ si²¹ nei²³

给 你 一 把 钥匙。

Gěi nǐ yì bǎ yàoshi.

## 九 月 四 日
keu³⁵ jyt² sei³³ jet²

Jiǔ yuè sì rì

## 九 月 五 日
keu³⁵ jyt² ŋ²³ jet²

Jiǔ yuè wǔ rì

唔该 你 都 我 搬下
m̩²¹ kɔi⁵³ nei²³ pɔŋ⁵³ ŋɔ²³ pun⁵³ ha²³

行李 啦
heŋ²¹ lei²³ la⁵⁵

麻烦 你 替 我 搬 一 下儿
Máfan nǐ tì wǒ bān yí xià(r)

行李 吧。
xíngli ba.

好 呀, 我 将 呢 两
hou³⁵ a³³ ŋɔ²³ tsœŋ⁵³ nei⁵⁵ lœŋ²³

个 皮唥 送 去 你
kɔ³³ pʻei²¹ kip⁵ sɔŋ³³ høy²² nei²³

房间。
fɔŋ²¹ kan⁵³

好 的, 我 把 这 两 个
Hǎo de, wǒ bǎ zhè liǎng ge

皮箱 送到 你 房间 去。
píxiāng sòngdào nǐ fángjiān qù.

呢 间 房 你 满 唔
nei⁵⁵ kan⁵³ fɔŋ²¹⁻³⁵ nei²³ mun²³ m̩²¹

满意 呀?
mun²³ ji³³ a³³

这个 房间 您 满 不
Zhège fángjiān nín mǎn bu

满意 呀?
mǎnyì ya?

几好, 又 光猛
kei³⁵ hou³⁵ jeu²² kwɔŋ⁵³ maŋ²³

又 凉爽。
jeu²² lœŋ²¹ sɔŋ³⁵

— 162 —

不错， 又 敞亮 又
Búcuò, yòu chǎngliàng yòu

凉快。
liángkuai.

## 九 月 六 日
keu³⁵ jyt² lok² jet²

Jiǔ yuè liù rì

呢 把 风扇 唔 转 得
nei⁵⁵ pa³⁵ foy⁵³ sin³³ m̩²¹ tsyn³³ tek⁵

嘅， 唔该 同 我 换 一
kɛ³³ m̩²¹ kɔi⁵³ tʻɔŋ²¹ ŋɔ²³ wun²² jet⁵

把。
pa³⁵

这个 电扇 不 能
Zhège diànshàn bù néng

转动 了，麻烦 替 我 换
zhuàndòng le, máfan tì wǒ huàn

一个。
yí ge.

## 九 月 七 日
keu³⁵ jyt² tsʻet⁵ jet²

Jiǔ yuè qī rì

冷气 开 得 大 得
laŋ²³ hei³³ hɔi⁵³ tek⁵ tai²² tek⁵

滞， 有 啲 冻， 唔该 较
tsei²² jeu²³ ti⁵⁵ toŋ³³ m̩²¹ kɔi⁵³ kau³³

细 啲。
sei³³ ti⁵⁵

空调 开 得 太 大 了，
Kōngtiáo kāi de tài dà le,

有点儿 冷， 麻烦 你 调
yǒudiǎnr lěng, máfan nǐ tiáo

小 一些。
xiǎo yìxiē.

九 月 八 日
keu³⁵ jyt² pat³ jet²

Jiǔ yuè bā rì


九 月 九 日
keu³⁵ jyt² keu³⁵ jet²

Jiǔ yuè jiǔ rì


呢间　房　　西斜热,
nei⁵⁸ kan⁵³ foŋ²¹⁻³⁵ sei⁵³ ts'ɛ²¹ jit²

想　换　一　间　　向
sœŋ³⁵ wun²² jet⁵ kan⁵³ hœŋ³³

南　嘅　房, 得　唔　得?
nan²¹ kɛ³³ foŋ²¹⁻³⁵ tek⁵ m²¹ tek⁵

这个　房间　西晒，想　换
Zhège fángjiān xīshài, xiǎng huàn

一　间　朝　南　的　房间，
yì jiān cháo nán de fángjiān,

行　不　行？
xíng bu xíng?


先生，　你　今日　要
sin⁵³ saŋ⁵³ nei²³ kem⁵³ jet² jiu³³

退　房　嘛? 请　喺
t'øy³³ foŋ²¹⁻³⁵ ma²³ ts'ɛŋ⁵³ hei³⁵

晏昼　十二　点钟
an³³ tseu²² sep² ji²² tim³⁵ tsoŋ⁵⁵

以前　结数　啦。
ji²³ ts'in²¹ kit² sou³³ la⁵⁵

先生，　您　今天　要　退
Xiānsheng, nín jīntiān yào tuì

房　吗? 请　在　中午
fáng ma? Qǐng zài zhōngwǔ

12　点钟　以前　结
shí'èr diǎnzhōng yǐqián jié

## 九 月 十 日
ke u³⁵ jyt² sɐ p² je t²

Jiǔ yuè shí rì

---

教师节
kau³³ si⁵⁵ tsit³

教师节
Jiàoshī Jié

---

帐 吧。
zhàng ba.

住 咗 半 个 月，麻烦
tsy²² tsɔ³⁵ pun³³ kɔ³³ jyt² ma²¹ fan²¹

晒 你 哋 喇。
sai³³ nei²³ tei²² la³³

住了 半 个 月，真 麻烦
Zhùle bàn ge yuè, zhēn máfan

你们 了。
nǐmen le.

我 哋 应份 做 嘅，唔
ŋɔ²³ tei²² jeŋ⁵³ fɐn²² tsou³³ kɛ³³ m̩²¹

使 客气。
se i³⁵ hak⁵ hei²²

我们 应该 做 的，不必
Wǒmen yīnggāi zuò de, búbì

客气。
kèqi.

## 生 词 表

1. 九月 ke u³⁵ jyt² 　　　　九月 jiǔ yuè

2. 宾馆 pɐn⁵³ kun³⁵ 　　　　宾馆 bīnguǎn

3. 租 tsou⁵³ 　　　　　　　　租 zū

4. 单人房 tan⁵³ jen²¹ fɔŋ²¹⁻³⁵ 　单人房 dānrénfáng

5. 一晚 je t⁵ man²³ 　　　　　一晚 yì wǎn

6. 双人房 sœŋ⁵⁵ jen²¹ fɔŋ²¹⁻³⁵ 　双人房 shuāngrénfáng

7. 冲凉房 tsʻoŋ⁵³ lœŋ²¹ fɔŋ²¹⁻³⁵ 　浴室 yùshì,

　　　　　　　　　　　　　　洗澡间 xǐzǎojiān

8. 厕所 tsʻi³³sɔ³⁵ 厕所 cèsuǒ

9. 房间 fɔŋ²¹kan⁵³ 房间 fángjiān

10. 三楼 sam⁵³lou²¹⁻³⁵ 三楼 sān lóu

11. 308号 sam⁵³leŋ²¹pat³hou²² 308号 sānlíngbā hào

12. 锁匙 sɔ³⁵si²¹ 钥匙 yàoshi

13. 搬 pun²¹ 搬 bān

14. 皮喼 pʻei²¹kip⁵ 皮箱 píxiāng

15. 满意 mun²³ji³³ 满意 mǎnyì

16. 光猛 kwɒŋ⁵³maŋ²³ 敞亮 chǎngliàng

17. 凉爽 lœŋ²¹sɔŋ³⁵ 凉快 liángkuai

18. 风扇 fɔŋ⁵³sin³³ 电扇 diànshàn

19. 冷气 laŋ²³hei³³ 空调 kōngtiáo

20. 冻 loŋ³³ 冷 lěng

21. 较 kau³³ 调 tiáo

22. 细 sei³³ 小 xiǎo

23. 得唔得 tɐk⁵m̩²¹tɐk⁵ 行不行 xíng bu xíng

24. 退房 tʻØy³³fɔŋ²¹⁻³⁵ 退房 tuì fáng

25. 晏昼 an³³tsœu³³ 中午 zhōngwǔ

26. 十二点钟 sɐp²ji²²tim³⁵tsoŋ⁵⁵ 十二点钟 shí'èr diǎnzhōng

27. 以前 ji²³tsʻin²¹ 以前 yǐqián

28. 结数 kit³sou³³ 结帐 jié zhàng

29. 住 tsy²² 住 zhù

30. 半个月 pun³³kɔ³³jyt² 半个月 bàn ge yuè

31. 麻烦 ma²¹fan²¹　　　　麻烦 máfan

32. 应份 jeŋ⁵³fɐn²²　　　　应该 yīnggāi


中旬　　　中旬

tsoŋ⁵³ts'øn²¹　Zhōngxún


响　　铺头　　在　　商店

hœŋ³⁵ p'ou³³ t'ɐu²¹⁻³⁵　Zài shāngdiàn

九　月　十　一　日
keu³⁵ jyt² sɐp² jɐt⁵ jɐt²

Jiǔ yuè shíyī rì

呢　　间　系　　自选
nei⁵⁵ kan⁵³ hɐi²² tsi²²syn³⁵

商场，　　想　买
sœŋ⁵³ts'œŋ²¹ sœŋ³⁵ mai²³

乜嘢　任　你　拣。
met⁵ jɛ²³ jɐm²² nei²³ kan³⁵

这 家 是 自选 商场，
Zhè jiā shì zìxuǎn shāngchǎng,

想　买　什么　任　你
xiǎng mǎi shénme rèn nǐ

挑。
tiāo.

九　月　十　二　日
keu³⁵ jyt² sɐp² ji²² jɐt²

Jiǔ yuè shí'èr rì

二　楼　系　卖　床
ji²² lɐu²¹⁻³⁵ hɐi²² mai²² ts'ɔŋ²¹

上　　　用品　嘅。
sœŋ²² joy²² pen³⁵ kɛ³³

二楼　是　卖　　床上
Èr lóu shì mài chuángshang
　用品　的。
yòngpǐn de.

呢啲　　珠被　　几好，　你
neiti⁵⁵ tsy⁵⁵ p'ei²³ kei³⁵ hou³⁵ nei²³
买　　粉红色　　　定
mai²³ fen³⁵ hoŋ²¹ sek⁵ teŋ²²

　　浅蓝色　　嘅呢？
ts'in³⁵ lam²¹ sek⁵ kɛ³³ nɛ⁵⁵

这些　　毛巾被　不错　你
Zhèxiē máojīnbèi búcuò, nǐ
买　粉红色　还是　浅蓝色
mǎi fěnhóngsè háishi qiǎnlánsè
的　呢？
de ne?

小姐，　　呢种　　毡　系
siu³⁵ tsɛ³⁵ nei⁵⁵ tsoŋ³⁵ tsin⁵⁵ hei²²

唔　系　羊毛　　㗎？
m²¹ hei²² jœŋ²¹ mou²¹ ka³³

小姐，　这　种　毯子　是　不
Xiǎojie, zhè zhǒng tǎnzi shì bu
是　羊毛　的　呢？
shì yángmáo de ne?

系，　　百分之百　　纯
hei²² pak³ fen²² tsi⁵³ pak³ sɵn²¹

九　月　十三　　日
keu³⁵ jyt² sep² sam⁵³ jet²

Jiǔ yuè shísān rì

是 羊毛。
jœŋ²¹ mou²¹

是，百分之百 纯 羊-
Shì, bǎifēnzhibǎi chún yáng-
毛。
máo.

# 九 月 十 四 日
keu³⁵ jyt² sep² sei³³ jet²

Jiǔ yuè shísì rì

买 电器 要 上 三
mai²³ tin²² hei³³ jiu³³ sœŋ³⁵ sam⁵³
楼， 你 想 买 乜 嘢
lou²¹⁻³⁵ nei²³ sœŋ³⁵ mai²³ met⁵ jɛ²³

呢？
nɛ⁵⁵

买 电器 要 上 三
Mǎi diànqì yào shàng sān
楼, 你 想 买 什么 呢?
lóu, nǐ xiǎng mǎi shénme ne?

我 想 买 个
ŋɔ²³ sœŋ³⁵ mai²³ kɔ³³
录音机， 顺便
lok² jem⁵⁵ kei⁵⁵ sØn²² pin²²⁻³⁵

睇下 有 冇 遥控
t'ei³⁵ ha²³ jeu²³ mou²³ jiu²¹ hoŋ³³

嘅 彩电。
kɛ³³ ts'ɔi³⁵ tim²²

我 想 买 一 个 录音机，
Wǒ xiǎng mǎi yí ge lùyīnjī,
顺便 看 一 下儿 有
shùnbiàn kàn yí xià(r) yǒu
没有 遥控 的 彩色
méiyǒu yáokòng de cǎisè
电视机。
diànshìjī.

九 月 十五 日
keu³⁵ jyt² sɐp² ŋ̍²³ jɐt²

Jiǔ yuè shíwǔ rì

九 月 十六 日
keu³⁵ jyt² sɐp² lok² jɐt²

Jiǔ yuè shíliù rì

楼下 系 卖 糖果、
lɐu²¹ ha²² hɐi²² mai²² t'ɔŋ²¹ kwɔ³⁵

饼干 嘅。
pɛŋ³⁵ kɔn⁵⁵ kɛ³³
这个 百货 公司 一 楼 是
Zhège bǎihuò gōngsī yī lóu shì
卖 糖果、饼干 的。
mài tángguǒ、bǐnggān de.

唔该 称 一 斤
m̩²¹ kɔi⁵³ ts'ɐŋ³³ jɐt⁵ ken⁵³

朱古力, 半 斤
tsy⁵⁵ ku³⁵⁻⁵⁵ lek²⁻⁵ pun³³ ken⁵³

椰子糖 畀 我。
jɛ²¹ tsi³⁵ t'ɔŋ²¹⁻³⁵ pei³⁵ ŋɔ²³
请 称 一 斤 巧克力,半
Qǐng chēng yì jīn qiǎokèlì, bàn
斤 椰子糖 给 我。
jīn yēzitáng gěi wǒ.

我 买 一 包
ŋɔ²³ mai²³ jɐt⁵ pau⁵³

威化饼, 一 包
wei⁵³ fa³³ pɛŋ³⁵ jɐt⁵ pau⁵³

奶油 夹心 饼干,
nai²³ jɐu²¹ kap³ sɐm⁵⁵ pɛŋ³⁵ kɔŋ⁵⁵

总共 几多 钱?
tsoŋ³⁵ koŋ²² kei³⁵ tɔ⁵⁵ ts'in²¹⁻³⁵
我 买 一 包儿 威化饼,
Wǒ mǎi yì bāo(r) wēihuàbǐng,
一 包 奶油 夹心儿
yì bāo nǎiyóu jiāxīn(r)

餅干， 总共 多少
bǐnggān, zǒnggòng duōshao
钱？
qián?

## 九 月 十七 日
keu³⁵ jyt² sɐp² tsʻɐt⁵ jet²

Jiǔ yuè shíqī rì

鸡仔饼 系 广东
kei⁵³ tsɐi³⁵ pɛŋ³⁵ hei²² kwɔŋ³⁵ toŋ⁵³

特产， 买 啲 送 畀
tɐkʻ² tsʻan³⁵ mai²³ ti⁵⁵ soŋ³³ pei³⁵

外地 嘅 朋友 啦。
ŋɔi²² tei²² kɛ³³ pʻɐŋ²¹ jɐu²³ la⁵⁵

小鸡饼 是 广东
Xiǎojībǐng shì Guǎngdōng
特产，买 些 送 给 外地
tèchǎn, mǎi xiē sòng gěi wàidì
的 朋友 吧。
de péngyou ba.

我 重 买 四 盒
ŋɔ²³ tsoŋ²² mai²³ sei³³ hep²

杏仁饼 添。
hɐŋ²² jɐn²¹ pɛŋ³⁵ tʻim⁵³

我 再 买 四 盒儿 杏仁儿
Wǒ zài mǎi sì hé(r) xingrén(r)
饼。
bǐng.

## 九 月 十八 日
keu³⁵ jyt² sɐp² pat³ jet²

Jiǔ yuè shíbā rì

过 几 日 就 系
kwɔ³³ kei³⁵ jet² tsɐu²² hei²²

中秋节， 买 几 盒
tsoŋ⁵⁵ tsʻɐu⁵⁵ tsit³ mai²³ kei³⁵ hep²

月饼　　　送　　　畀
jyt²pɛŋ³⁵　　　soŋ³³　　　pei³⁵
亲戚　　朋友。
tsʼen⁵³tsʼek⁵pʼɛŋ²¹jeu²³

过 几 天 就 是 中秋 节，
Guò jǐ tiān jiù shì Zhōngqiū Jié,
买 几 盒儿 月饼 送 给
mǎi jǐ hé(r) yuèbing sòng gěi
亲戚 朋友。
qīnqi péngyou.
我　　买　　两　　　盒
ŋɔ²³　　mai²³　　lœŋ²³　　hep²

双黄　　　莲蓉　　　月饼，
sœŋ⁵⁵wɔŋ²¹⁻³⁵lin²¹jɔŋ²¹jyt²pɛŋ³⁵
一　　盒　　火腿　　　五仁
jet⁵ hep² fɔ³⁵tʼ∅y³⁵ ŋ̩²³jen²¹

月饼。
jyt²pɛŋ³⁵
我 买 两 盒儿 双黄
Wǒ mǎi liǎng hé(r) shuānghuáng
莲蓉 月饼，一 盒儿 火腿
liánróng yuèbing，yì hé(r) huǒtuǐ
五仁儿 月饼。
wǔrén(r) yuèbing.

九 月 十九 日
keu³⁵jyt²sɐp²keu³⁵jet²

Jiǔ yuè shíjiǔ rì

去　　　　生果铺
h∅y³³　　saŋ⁵³kwɔ³⁵pʼou³³⁻³⁵
买啲　　生果　　添。
mai²³ti⁵⁵saŋ⁵³kwɔ³⁵tʼim⁵³

— 172 —

到　　水果店　去　再
Dào shuǐguǒdiàn qù zài

买点儿　水果。
mǎidiǎn(r) shuǐguǒ.

龙眼、　　荔枝　　几多
loŋ$^{21}$ŋan$^{23\text{-}35}$ lei$^{22}$tsi$^{55}$ kei$^{35}$tɔ$^{55}$

钱　一　斤　呀?
ts'in$^{21\text{-}35}$ jet$^{5}$ken$^{53}$ a$^{33}$

龙眼、荔枝　多少　钱　一
Lóngyǎn、lìzhī duōshao qián yì

斤　啊?
jīn a?

# 九 月 二 十 日
keu$^{35}$ jyt$^{2}$ ji$^{22}$ sep$^{2}$ jet$^{2}$

Jiǔ yuè èrshí rì

呢啲　碌柚　系　唔　系
nei$^{55}$ti$^{55}$ lok$^{5}$jeu$^{35}$ hei$^{22}$ m̩$^{21}$ hei$^{22}$

沙田柚?
sa$^{53}$t'in$^{21}$jeu$^{35}$

这些　柚子　是　不　是　沙田
Zhèxiē yòuzi shì bu shì shātián

柚子?
yòuzi?

系　断　斤　定系　　断
hei$^{22}$ tyn$^{33}$ ken$^{53}$ teŋ$^{22}$ hei$^{22}$ tyn$^{33}$

个　卖?
kɔ$^{33}$ mai$^{22}$

是　论　斤　还是　论　个儿　卖?
Shì lùn jīn háishi lùn gèr mài?

## 生　词　表

1. 呢间 nei$^{55}$kan$^{53}$　　　　　　　这家 zhèjiā

2. 自选商场 tsi²²syn³⁵sœŋ⁵³tsœŋ²¹　　自选商场 zìxuǎn　shāngchǎng

3. 二楼 ji²²ɭɐu²¹⁻³⁵　　二楼 èr lóu

4. 床上 ts'ɔŋ²¹sœŋ²²　　床上 chuángshang

5. 用品 joŋ²²pɐn³⁵　　用品 yòngpǐn

6. 珠被 tsy⁵⁵p'ei²³　　毛巾被 máojīnbèi

7. 粉红色 fɐn³⁵hoŋ²¹sek²　　粉红色 fěnhóngsè

8. 浅蓝色 ts'in³⁵lam²¹sek²　　浅蓝色 qiǎnlánsè

9. 毡 tsin⁵⁵　　毯子 tǎnzi

10. 羊毛 jœŋ²¹mou²¹　　羊毛 yángmáo

11. 百分之百 pak⁵fɐn²²tsi⁵³pak³　　百分之百 bǎifēnzhībǎi

12. 纯 s∅n²¹　　纯 chún

13. 电器 tim²²hei³³　　电器 diànqì

14. 录音机 lok²jɐm⁵⁵kei⁵⁵　　录音机 lùyīnjī

15. 顺便 s∅n²²pin²²⁻³⁵　　顺便 shùnbiàn

16. 遥控 jiu²¹hoŋ³³　　遥控 yáokòng

17. 彩电 ts'ɔi³⁵tim²²　　彩色电视机 cǎisè diànshìjī

18. 百货公司 pak³fɔ³³koŋ⁵⁵si⁵⁵　　百货公司 bǎihuò gōngsī

19. 楼下 ɭɐu²¹ha²²　　一楼 yī lóu

20. 饼干 pɛŋ³⁵kɔŋ⁵⁵　　饼干 bǐnggān

21. 称 ts'ɐŋ³³　　称 chēng

22. 斤 kɐŋ⁵³　　斤 jīn

23. 朱古力 tsy⁵⁵ku³⁵⁻⁵⁵lek²⁻⁵　　巧克力 qiǎokèlì

（英文 chocolate）

— 174 —

24. 椰子糖 jɛ²¹tsi³⁵t 'ɔŋ²¹⁻³⁵　　　椰子糖 yēzitáng

25. 包 pau⁵³　　　　　　　　　包儿 bāo(r)

26. 威化饼 wei⁵³fa³³pɛŋ³⁵　　　威化饼 wēihuàbǐng，
　　　　　　　　　　　　　　　方格饼 fānggébǐng
　　　（英文 waffle）

27. 奶油 nai²³jɐu²¹　　　　　　奶油 nǎiyóu

28. 夹心饼干 kap³ sɐm⁵⁵pɛŋ³⁵　夹心儿饼干 jiāxīn(r)
　　　　　　　　kɔŋ⁵⁵　　　　　　　　　bǐnggān

29. 鸡仔饼 kei⁵³tsɐi³⁵pɛŋ³⁵　　小鸡饼 xiǎojībǐng

30. 特产 tɛk² ts 'an³⁵　　　　　特产 tèchǎn

31. 外地 ŋɔi²²tei²²　　　　　　外地 wàidì

32. 杏仁饼 hɐŋ²²jɐn²¹pɛŋ³⁵　　杏仁儿饼 xìngrén(r)bǐng

33. 中秋节 tsoŋ⁵⁵ts 'ɐu⁵⁵tsit³　中秋节 Zhōngqiū Jié

34. 月饼 jyt² pɛŋ³⁵　　　　　　月饼 yuèbing

35. 双黄莲蓉月饼
　　sœŋ⁵³wɔŋ²¹⁻³⁵lin²¹jon²¹jyt² pɛŋ³⁵
　　　　　　　　　　　　　双黄莲蓉月饼 shuānghuáng
　　　　　　　　　　　　　　　liánróng yuèbing

36. 火腿五仁月饼 fɔ³⁵t 'Øy³⁵ŋ̩²³
　　jɐn²¹jyt² pɛŋ³⁵
　　　　　　　　　　　　　火腿五仁儿月饼 huǒtuǐ
　　　　　　　　　　　　　　　wǔrén(r) yuèbing

37. 生果 saŋ⁵³kwɔ³⁵　　　　　水果 shuǐguǒ

38. 生果铺 saŋ⁵³kwɔ³⁵p 'ou³³⁻³⁵　水果店 shuǐguǒdiàn

39. 龙眼 loŋ²¹ŋan²³⁻³⁵（一种水果）龙眼 lóngyǎn

40. 荔枝 lɐi²²tsi⁵⁵　　　　　　荔枝 lìzhī

41. 碌柚 lok⁵ jɐu³⁵　　　　　　柚子 yòuzi

42. 沙田柚 sa⁵³t 'in²¹jɐu³⁵　　沙田柚子 shātián yòuzi

43. 断 tyn³³　　　　　　　　　论 lùn

下旬　　　　下旬
ha²²ts'∅n²¹　Xiàxún


响　　　快餐店　　　在　　快餐店
hœŋ³⁵　fai³³ts'an⁵⁵tim³³　Zài kuàicāndiàn

---

九　月　二十一　日
keu³⁵jyt²ji²²sep²jet⁵jet²

Jiǔ yuè èrshíyī rì

我 哋　　 去　　　 大排档
ŋɔ²³tei²²　h∅y³³　tai²²p'ai²¹tɔŋ³³

抑或　　　　　 快餐店
jek⁵wak²　　　fai³³ts'an⁵⁵tim²²

食 啲　嘢　好　嘛?
sek²ti⁵⁵jɛ²³hou³⁵ma²³

我们 · 去　大摊档　 或者
Wǒmen qù dàtāndàng huòzhě

快餐店 吃点儿 东西 好
kàicāndiàn chī diǎnr dōngxi hǎo

吗?
ma?

天时　 咁　热, 去　　前
t'in⁵si²¹kem³³jit²h∅y³³ts'in²¹

便　吤　间　　快餐店
pin²²kɔ³⁵kan⁵³fai³³ts'an⁵⁵tim³³

叹*下　冷气　重　好。
t'an³³ha²³laŋ²³hei²²tsoŋ²²hou³⁵

天气　 那么　热, 去　 前
Tiānqì nàme rè, qù qián-

面 那家　 快餐店
miàn(r)nà jiā kuàicāndiàn

— 176 —

享受　一　下儿　空调
xiǎngshòu yí xiàr kōngtiáo

更　好。
gèng hǎo.

## 九月 二十二 日
keu³⁵ jyt² ji²² sep² ji² jet²

Jiǔ yuè èrshí'èr rì

两　　位　　要　　食啲
lœŋ²³ wei²²⁻³⁵ jiu³³ sek² ti⁵⁵

乜嘢 呀?
met⁵ jɛ²³ a³³

两 位 要 吃点儿 什么
Liǎng wèi yào chīdiǎnr shénme

呢?
ne?

要　两 个　鸡髀　盒
jiu³³ lœŋ²³ kɔ³³ kei⁵³ pei³⁵ hep²

仔饭,　　唔该　　快趣
tsei³⁵ fau²² m²¹ kɔi⁵³ fai³³ ts'∅y³³

啲。
ti⁵⁵

要　两　个　鸡腿儿　盒儿饭,
Yào liǎng ge jītuǐ(r) hé(r)fàn,

请　快　一点儿。
qǐng kài yìdiǎn(r).

要 一 份　牛油　　多士
jiu³³ jet⁵ fen²² ŋeu²¹ jeu²¹ tɔ⁵⁵ si²²⁻³⁵

同　一　　碗　　肉丝
t'oŋ²¹ jet⁵ wun³⁵ jok² si⁵⁵

通心粉。
t'oŋ⁵³ sem⁵³ fen³⁵

## 九月 二十三 日
keu³⁵ jyt² ji²² sep² sam⁵³ jet²

Jiǔ yuè èrshísān rì

要　一　份儿　黄油
Yào　yí　fèn(r)　huángyóu

烤面包　和　一　碗　肉丝
kǎomiànbāo　hé　yì　wǎn　ròusī

通心粉。
tōngxīnfěn.

重　要　一　碗
tsoŋ$^{22}$　jiu$^{33}$　jet$^{5}$　wun$^{35}$

罗宋汤　添。
lɔ$^{21}$soŋ$^{33}$t'ɔŋ$^{53}$tim$^{53}$

还要一碗　罗宋汤。
Hái yào yì wǎn luósòngtāng.

要　饮啲　乜嘢　呢?
jiu$^{33}$jem$^{35}$ti$^{55}$met$^{5}$jɛ$^{23}$nɛ$^{55}$

要　喝些　什么　呢?
Yào hē xiē shénme ne?

要　一　杯　鲜橙汁
jiu$^{33}$jet$^{5}$pui$^{53}$sin$^{53}$ts'aŋ$^{35}$tsɐp$^{5}$

同　一　支　可口可乐,
t'oŋ$^{21}$jet$^{5}$tsi$^{53}$hɔ$^{35}$heu$^{35}$hɔ$^{35}$lɔk$^{2}$

要　雪藏　嘅。
jiu$^{33}$syt$^{3}$ts'ɔŋ$^{21}$kɛ$^{33}$

要　一杯　鲜　橘子汁儿和一
Yào yì bēi xiān júzizhī(r)hé yì

瓶　可口可乐,要　冰镇
píng kěkǒukělè, yào bīngzhèn

的。
de.

# 九　月　二十四　日
keu$^{35}$jyt$^{2}$ji$^{22}$sep$^{2}$sei$^{33}$jet$^{2}$

Jiǔ　yuè　èrshísì　rì

**九 月 二十五 日**
kɐu³⁵ jyt² ji²² sɐp² ŋ²³ jet²

Jiǔ yuè èrshíwǔ rì

唔该　畀一　杯　咖啡
m̩²¹kɔi⁵³ pei³⁵ jet⁵ pui⁵³ ka³³fɛ⁵⁵

同　一　杯　　奶茶
t'oŋ²¹ jet⁵ pui⁵³ nai²³ts'a²¹

我哋，要　热嘅。
ŋɔ²³tei²² jiu³³ jit² kɛ³³

请　给　我们 一 杯 咖啡和
Qǐng gěi wǒmen yì bēi kāfēi hé

一 杯　奶茶，要　热 的。
yì bēi nǎichá, yào rè de.

好立克　　都　几　好
hou³⁵lap²hak⁵ tou⁵⁵ kei³⁵ hou³⁵

饮　喋，试下　啦。
jem³⁵ka³³ si³³ ha²³ la⁵⁵

好立克 也　很　好　喝　的，
Hǎolìkè yě hěn hǎo hē de,

尝　一　下儿　吧。
cháng yí xià(r) ba.

**九 月 二十六 日**
kɐu³⁵ jyt² ji²² sɐp² lok² jet²

Jiǔ yuè èrshíliù rì

有　乜嘢　　面包　　同
jɐu²³ met⁵ jɛ²³ min²² pau⁵⁵ t'oŋ²¹

西饼　呀？
sɐi⁵³ pɛŋ³⁵ a³³

有　什么　面包　和　西式
Yǒu shénme miànbāo hé xīshì

点心？
diǎnxin?

有　　三文治、
jɐu²³ sam⁵³ men²¹ tsi²²

汉堡包　　　同　热狗。
hɔn³³ pou³⁵ pau⁵⁵ t'oŋ²¹ jit² keu³⁵

有　　三明治、　汉堡包
Yǒu　sānmíngzhì、hànbǎobāo

和　肉肠　　面包。
hé　ròucháng　miànbāo.

### 九 月 二十七 日
keu³⁵ jyt² ji² sɐp² ts'ɐt⁵ jet²

Jiǔ　yuè　èrshíqī　rì

食啲　也嘢　　甜品　　好
sek⁵ ti⁵⁵ met⁵ jɛ²³ t'im²¹ pɐn³⁵ hou³⁵

呢?
nɛ⁵⁵

吃些　什么　甜食　好 呢?
Chīxiē　shénme　tiánshí hǎo ne?

要　一　杯　　红豆冰
jiu³³ jet⁵ pui⁵³ hoŋ²¹ teu²²⁻³⁵ pɐŋ⁵⁵

同　一　杯　菠萝冰　啦
t'oŋ²¹ jet⁵ pui⁵³ pɔ⁵³ lɔ²¹ pɐŋ⁵⁵ la⁵⁵

要　一　杯　　红豆
Yào　yì　bēi　hóngdòu

冰糖水　和 一 杯 菠萝
bīngtángshuǐ hé yì bēi bōluó

冰糖水。
bīngtángshuǐ.

### 九 月 二十八 日
keu³⁵ jyt² ji² sɐp² pat³ jet²

Jiǔ　yuè　èrshíbā　rì

有　冇　雪糕　呀?
jeu²³ mou²³ syt³ kou⁵⁵ a³³

有　没有　冰淇淋　啊?
Yǒu méiyǒu bīngqílín a?

有　三色　雪糕　同
jeu²³ sam⁵⁵ sek⁵ syt³ kou⁵⁵ t'oŋ²¹

牛奶　　雪糕。
ŋɐu²¹nai²³syt³kou⁵⁵

有　三色　冰淇淋　和　牛奶
Yǒu　sānsè bīngqílín hé niúnǎi
冰淇淋。
bīngqílín.

## 九　月　二十九　日
keu³⁵jyt²ji²²sep²keu³⁵jet²

Jiǔ　yuè　èrshíjiǔ　rì

先生，　重　要　啲　乜野
sin⁵³saŋ⁵³ tsoŋ²² jiu³³ ti⁵⁵ met⁵jɛ²³

添　呀?
t'im⁵³a³³

先生，　再要　些　什么
Xiānsheng, zài yào xiē shénme
呢?
ne?

唔　要　喇，　唔該　埋　单
m̩²¹ jiu³³ la⁵⁵ m̩²¹kɔi⁵³ mai²¹ tan⁵⁵
啦。
la⁵⁵

不　要　了，请　结　帐　吧。
Bú yào le, qǐng jié zhàng ba.

## 九　月　三十　日
keu³⁵jyt²sam⁵³sep²jet²

Jiǔ　yuè　sānshí　rì

总共　　　　五十九　　个
tsoŋ⁵³koŋ²² ŋ̩²³sep²keu³⁵ kɔ³³

半，　　请　　　去
pun³³　ts'ɛŋ³⁵　hØy³³

柜面　　交　钱　啦
kwei²²min²²⁻³⁵kau⁵³ts'in²¹⁻³⁵la⁵⁵

总共　五十九　块　五，
Zǒnggòng wǔshíjiǔ kuài wǔ,

— 181 —

请 到 柜台 去 交 钱
qǐng dào guìtái qù jiāo qián
ba.

## 生 词 表

1. 快餐店 fai³³ts ʻan⁵⁵tim³³      快餐店 kuàicāndiàn

2. 大排档 tai²²pʻai²¹toŋ³³      大摊档 dàtāndàng

3. 抑或 jek⁵ wak²      或者 huòzhě

4. 天时 tʻin⁵³si²¹      天气 tiānqì

5. 热 jit²      热 rè

6. 叹 * tʻan³³      享受 xiǎngshòu

7. 两位 lœŋ²³wei²²⁻³⁵      两位 liǎng wèi

8. 鸡髀 kei⁵³pei³⁵      鸡腿儿 jītuǐ(r)

9. 盒仔饭 hep² tsɐi³⁵fan²²      盒儿饭 hé(r)fàn

10. 快趣 fai³³ts ʻøy³³      快 kuài

11. 份 fɐn²²      份儿 fèn(r)

12. 牛油 ŋɐu²¹jɐu²¹      黄油 huángyóu

13. 多士 tɔ⁵⁵si²²⁻³⁵(英文 toast)      烤面包 kǎomiànbāo

14. 碗 wun³⁵      碗 wǎn

15. 肉丝 jok²si⁵⁵      肉丝 ròusī

16. 通心粉 tʻoŋ⁵³sɐm⁵³fɐn³⁵      通心粉 tōngxīnfěn

17. 罗宋汤 lɔ²¹soŋ³³tʻɔŋ⁵³      罗宋汤 luósòngtāng

18. 鲜 sin⁵³      鲜 xiān

19. 橙汁 ts'aŋ³⁸tsɐp⁵　　　　　橘子汁儿 júzizhī(r)

20. 支 tsi⁵³　　　　　　　　瓶 píng

21. 可口可乐 hɔ³⁸heu³⁵hɔ³⁵lɔk²　可口可乐 kěkǒukělè

　　（英文 Coca-Cola）

22. 咖啡 ka³³fɛ⁵⁵（英文 coffee）　咖啡 kāfēi

23. 奶茶 nai²³ts'a²¹　　　　　奶茶 nǎichá

24. 好立克 hou³⁵lap²hak⁵　　好立克 hǎolìkè

　　（英文 horlick）

25. 面包 min²²pau⁵⁵　　　　面包 miànbāo

26. 西饼 sei⁵³pɐŋ³⁵　　　　　西式点心 xīshì diǎnxin

27. 三文治 sam⁵³men²¹tsi²²　三明治 sānmíngzhì

　　（英文 sandwich）

28. 汉堡包 hɔn⁵³pou³⁵pau⁵⁵　汉堡包 hànbǎobāo

　　（英文 burger）

29. 热狗 jit²keu³⁵　　　　　热狗 règǒu，肉肠面包

　　（英文 hotdog）　　　　　ròucháng miànbāo

30. 甜品 t'im²¹pɐn³⁵　　　　甜食 tiánshí

31. 红豆冰 hoŋ²¹tɐu²²⁻³⁵pɐŋ⁵⁵　红豆冰糖水 hóngdòu

　　　　　　　　　　　　　　bīngtángshuǐ

32. 菠萝冰 pɔ⁵³lɔ²¹pɐŋ⁵⁵　　菠萝冰糖水 bōluó

　　　　　　　　　　　　　　bīngtángshuǐ

33. 雪糕 syt³kou⁵⁵　　　　　冰淇淋 bīngqílín

34. 三色 sam⁵⁵sek⁵　　　　　三色 sān sè

35. 牛奶 ŋɐu²¹nai²³　　　　　牛奶 niúnǎi

36. 埋单 $mai^{21}tan^{55}$      结帐 jiézhàng

37. 五十九个半 $ŋ^{23}sep^2keu^{35}$      五十九块五

                       wǔshíjiǔ kuài wǔ

       $kɔ^{33}pun^{33}$

38. 柜面 $kwei^{22}min^{22-35}$      柜台 guìtái

39. 交钱 $kau^{53}ts'in^{21-35}$      交钱 jiāo qián

# 十月　十月

sɐp²jyt²　Shí yuè

## 上旬　上旬

sœŋ²²ts'∅n²¹　Shàngxún

## 节日　娱乐　节日　娱乐

tsit³jet²　jy²¹lɔk²　Jiérì yúlè

---

十月一日
sɐp²jyt²jet⁵jet²

Shí yuè yī rì

国庆节
kwɔk³heŋ³³tsit³

国庆节
Guóqìng Jié

国庆节　有　乜嘢
kwɔk³heŋ³³tsit³　jeu²³　met⁵jɛ²³

娱乐　呀？
jy²¹lɔk²a³³

国庆节　有　什么　娱乐
Guóqìng Jié yǒu shénme yúlè

啊？
a?

我哋　单位
ŋɔ²³tei²²tan⁵⁵wei²²⁻³⁵

今晚　　有　个　　音乐
kɐm⁵³ man²³ jɐu²³ kɔ³³ jɐm⁵³ ŋɔk²

会，　我　要　　参加
wui²²⁻³⁵　ŋɔ²³ jiu³³ ts'am⁵³ ka⁵³

大合唱。
tai²² hep² ts'œŋ³³

我们　　单位　今晚　有　个
Wǒmen dānwèi jīnwǎn yǒu ge

音乐会，　　我　要　　参加
yīnyuèhuì,　wǒ　yào　cānjiā

大合唱。
dàhéchàng.

## 十　月　二　日
sɐp² jyt² ji²² jɛt²

### Shí yuè èr rì

女　　　职员　　　表演
nØy²³　tsek⁵ jyn²¹　piu³⁵ jin³⁵

健美操，　　　排练咗
kin²² mei²³ ts'ou⁵³ p'ai²¹ lin²² tsɔ³⁵

好　耐　嘅　嘞。
hou³⁵ nɔi²² kɛ³³ lak³

女　　职员　　表演　健
Nǚ　zhíyuán　biǎoyǎn　jiàn-

美操，排练了　很　久　了。
měicāo, páiliànle hěn jiǔ le.

## 十　月　三　日
sɐp² jyt² sam⁵³ jɛt²

### Shí yuè sān rì

文化公园　　　　有
mɐn²¹ fa³³ koŋ⁵³ jyn²¹⁻³⁵　　jɐu²¹

游园　　　晚会，　　有
jɐu²¹ jyn²¹　man²³ wui²²⁻³⁵　jɐu²³

歌舞　表演。
kɔ⁵³ mou²³ piu³⁵ jin³⁵

文化公园儿　　有
Wénhuà Gōngyuán(r) yǒu

游园　　晚会，　有　　歌舞
yóuyuán　wǎnhuì，　yǒu　gēwǔ

表演。
biǎoyǎn.

<br>

十 月 四 日
sɐp² jyt² sei³³ jɐt²

Shí yuè sì rì

呢　几　日　你　使　唔　使
nei⁵⁵ kei³⁵ jɐt² nei²³ sɐi³⁵ m̩²¹ sɐi³⁵

值　班　呀？
tsek² pan⁵⁵ a³³

这　几　天　你　要　不　要　值
Zhè jǐ tiān nǐ yào bu yào zhí

班　呢？
bān ne?

我　哋　　轮流　　值　班，
ŋɔ²³ tei²² lɵn²¹ lɐu²¹⁻³⁵ tsek² pan⁵⁵

我　要　值　半　日　班。
ŋɔ²³ jiu³³ tsek² pun³³ jɐt² pan⁵⁵

我们　轮流　值　班，我　要
Wǒmen lúnliú zhí bān，wǒ yào

值　半　天　班。
zhí bàn tiān bān.

<br>

十 月 五 日
sɐp² jyt² ŋ̩²³ jɐt²

Shí yuè wǔ rì

得　闲　嚟　我　　屋企
tɐk⁵ han²¹ lɐi²¹ ŋɔ²³ ok⁵ k'ei²³⁻³⁵

捉棋　　啦。
tsok⁵ k'ei²¹⁻³⁵ la⁵⁵

有　空儿　来　我　家　下　棋
Yǒu kòng(r) lái wǒ jiā xià qí

吧。
ba.

我　唔　系　几　会
ŋɔ²³ m̩²¹ hei²² 'kei³⁵ wui²³

捉棋，　会　打　啤
tsok⁵k'ei²¹⁻³⁵ wui²³ ta³⁵ p'ɛ⁵⁵
牌。
p'ai²¹⁻³⁵

我不大会下棋,会打
Wǒ bú dà huì xià qí, huì dǎ
扑克。
pūkè.

响　屋企　睇　电视
hœŋ³⁵ ok⁵k'ei²³⁻³⁵ t'ei³⁵ tim²² si²²

重　好，　庆祝
tsoŋ²² hou³⁵ heŋ³³ tsok⁵

国庆节　有　好　多
kwɔk³ heŋ³³ tsit³ jɐu²³ hou³⁵ tɔ⁵³

精彩　嘅　节目。
tsɛŋ⁵³ ts'ɔi³⁵ kɛ³³ tsit³ mok²

在家里看　电视　更　好，
Zài jiāli kàn diànshì gèng hǎo,
庆祝　国庆节　有　许多
qìngzhù Guóqìng Jié yǒu xǔduō
精彩　的　节目。
jīngcǎi de jiémù.

我　中意　听　相声，
ŋɔ²³ tsoŋ⁵³ ji³³ t'ɛŋ⁵³ sœŋ³³ sen⁵⁵

讲到　鬼咁　诙谐，
kɔŋ³⁵ tou³³ kwei³³ kɐm³³ fui⁵³ hai²¹

令人 好 开心。
leŋ²²ʲen²¹hou³⁵hɔi³⁵sɐm⁵³

我 喜欢 听 相声，
Wǒ xǐhuan tīng xiàngsheng,
讲 得 多么 滑稽，使 人
jiǎng de duōme huájī, shǐ rén
真 开心。
zhēn kāixīn.

## 十 月 八 日
sɐp²jyt²pat³ʲet²

Shí yuè bā rì

我 最 欢喜 睇 打
ŋɔ²³tsø̷y³³hun⁵³hei³⁵tʰei⁵³ta³⁵

乒乓 波。
peŋ⁵⁵pɐm⁵⁵pɔ⁵⁵

我 最 喜欢 看 打
Wǒ zuì xǐhuan kàn dǎ
乒乓球。
pīngpāngqiú.

睇 打 足球 重
tʰei³⁵ta³⁵tsok⁵kʰɐu²¹tsoŋ²²

紧张， 重 过瘾。
ken³⁵tsœŋ⁵³tsoŋ²²kwɔ³³ʲen²³

看 踢 足球 更 紧张，
Kàn tī zúqiú gèng jǐnzhāng,
更 带劲儿。
gèng dàijìn(r).

## 十 月 九 日
sɐp²jyt²kɐu³⁵ʲet²

Shí yuè jiǔ rì

你 中 唔 中意 睇
nei²³tsoŋ⁵³m̩²¹tsoŋ⁵³ji³³tʰei³⁵

京戏 呀？
keŋ⁵⁵hei³³a³³

你 喜 不 喜欢 看 京剧 啊?
Nǐ xǐ bu xǐhuan kàn jīngjù a?

麻麻 地, 我 至
ma²¹ma²¹⁻³⁵ tei²²⁻³⁵ ŋɔ²³ tsi³³

中意 睇 大戏。
tsoŋ⁵³ji³³ tʻɐi³⁵ tai²²hei³³

马马虎虎, 我 最 喜欢 看
Mǎmahūhū, wǒ zuì xǐhuan kàn

粤剧。
yuèjù.

# 十 月 十 日
# sɐp² jyt² sɐp² jɐt²

Shí yuè shí rì

叫 埋 班 老友记
kiu³³ mai²¹ pan⁵³ lou²³jɐu²³kei³³

去 踩 雪屐 啦。
hɵy³³tʻsai³⁵syt³kʻɛk²la⁵⁵

叫 一群 老朋友 去
Jiào yì qún lǎopéngyou qù

溜冰 吧。
liūbīng ba.

去 坐 过山车
hɵy³³ tsʻɔ²³ kwɔ³³san⁵⁵tsʻɛ⁵⁵

重 够 刺激 啦。
tsoŋ²²kɐu³³ tsʻi³³kek⁵la⁵⁵

去 坐 过山车 更 够
Qù zuò guòshānchē gèng gòu

刺激 啊。
cìjī a.

# 生 词 表

1. 十月 sɐp² jyt²  十月 shí yuè

2. 节日 tsit³ jet²  节日 jiérì

3. 娱乐 jy²¹lɔk²  娱乐 yúlè

4. 国庆节 kwɔk³ heŋ³³tsit³  国庆节 Guóqìng Jié（专名）

5. 音乐会 jɛm⁵³ŋɔk² wui²²⁻³⁵  音乐会 yīnyuèhuì

6. 大合唱 tai²²hɛp² tsʻœŋ³³  大合唱 dàhéchàng

7. 女职员 nØy²³tsek⁵ jyn²¹  女职员 nǚ zhíyuán

8. 表演 piu³⁵jin²³  表演 biǎoyǎn

9. 健美操 kin²²mei²³tsʻou⁵³  健美操 jiànměicāo

10. 排练 pʻai²¹lin²²  排练 páiliàn

11. 歌舞 kɔ⁵³mou²³  歌舞 gēwǔ

12. 使唔使 sɐi³⁵m̩²¹ sɐi³⁵  要不要 yào bu yào

13. 值班 tsek² pan⁵⁵  值班 zhí bān

14. 轮流 lØn²¹lɐu²¹⁻³⁵  轮流 lúnliú

15. 捉棋 tsɔk⁵ kʻei²¹⁻³⁵  下棋 xià qí

16. 啤牌 pʻɛ⁵⁵pʻai²¹⁻³⁵  扑克 pūkè

17. 电视 tim²²si²²  电视 diànshì

18. 庆祝 heŋ³³tsɔk⁵  庆祝 qìngzhù

19. 精彩 tsɛŋ⁵³tsʻɔi³⁵  精彩 jīngcǎi

20. 节目 tsit³ mok²  节目 jiémù

21. 相声 sœŋ³³seŋ⁵⁵ 　　　　　　相声 xiàngsheng

22. 鬼咁 kwei³⁵kem³³ 　　　　　　多么 duōme

23. 诙谐 fui⁵³hai²¹ 　　　　　　滑稽 huájī

24. 令 leŋ²² 　　　　　　使 shǐ

25. 乒乓波 peŋ⁵⁵pem⁵⁵pɔ⁵⁵ 　　　　乒乓球 pīngpāngqiú

26. 足球 tsok⁵ kʻeu²¹ 　　　　　　足球 zúqiú

27. 紧张 ken³⁵tsœŋ⁵³ 　　　　紧张 jǐnzhāng

28. 过瘾 kwɔ³³jen²³ 　　　　带劲儿 dàijìn(r)

29. 京戏 keŋ⁵⁵hei³³ 　　　　京剧 jīngjù

30. 麻麻地 mai²¹mai²¹⁻³⁵tei²²⁻³⁵ 　　马马虎虎 mǎmahūhū

31. 踩雪屐 tsʻai³⁵syt³ kʻɛk² 　　　　溜冰 liūbīng

32. 过山车 kwɔ³³san⁵⁵tsʻɛ⁵⁵ 　　过山车 guòshānchē

33. 刺激 tsʻi³³kek⁵ 　　　　　　刺激 cìjī

中旬　　　中旬
tsoŋ⁵³tsʻøn²¹　Zhōngxún

响　　屋企　　在　家庭
hœŋ²²　ok⁵kʻei²³⁻³⁵　Zài　jiātíng

十 月 十 一 日　　家头细务　　搞掂
sæp²jyt²sæp²jet²jet²　ka⁵³tʻeu²¹sɐi³³mou²²kau³⁵tim²²

— 192 —

Shí yuè shíyī rì

晒　未　呀？
sai³³ mei²² a³³

家务事儿　　全　　弄妥
Jiāwùshì(r)　quán　nòngtuǒ

没有？
méiyǒu?

搞掂　晒，　倾下　偈
kau³⁵ tim²² sai³³ kʻeŋ⁵³ha²³ kei³⁵

啦。
la⁵⁵

全　弄妥　了，聊一下儿
Quán nòngtuǒ le, liáo yí xià(r)

天儿　吧。
tiān(r) ba.

用　　洗衣机　　洗　　衫
joŋ²² sei³⁵ji⁵⁵kei⁵⁵ sei³⁵ sam⁵⁵

好　快。
hou³⁵fai³³

用　洗衣机　洗　衣服　很
Yòng xǐyījī xǐ yīfu hěn

快。
kài.

煮　饭　用　　电饭煲
tsy³⁵ fan²² joŋ²² tin²²fan²²pou⁵⁵

亦　好　方便。
jek²hou³⁵ fɔŋ⁵³pin²²

煮　饭　用　电饭锅　也
Zhǔ fàn yòng diànfànguō yě

很　方便。
hěn fāngbiàn.

十月十二日
sep²jyt²sep²ji²²jet²

Shí yuè shí'èr rì

十 月 十 三 日
sɐp²jyt²sɐp²sam⁵³jet²

Shí yuè shísān rì

你　　老豆、　　　老母
nei²³　lou²³tɐu²²　lou²³mou²³⁻³⁵

重要　翻工　咩?
tsoŋ²²jiu³³fan⁵³koŋ⁵³mɛ⁵⁵

你　父亲、母亲　还　要
Nǐ　fùqīn、mǔqīn　hái　yào

上班儿　吗?
shàngbān(r)　ma?

佢哋　　今年　　　退
kʻøy²³tei²²　kɐm⁵³nin²¹　tʻøy³³

咗　休　嘞。
tsɔ³⁵jɐu⁵³lak³

他们　今年　退休　了。
Tāmen　jīnnián　tuìxiū　le.

十 月 十 四 日
sɐp²jyt²sɐp²sei³³jet²

Shí yuè shísì rì

你　　大佬　同　　细佬
nei²³　tai²²lou³⁵　tʻoŋ²¹　sei³³lou²³

做　乜嘢　　工作　呀?
tsou²²mɐt⁵jɛ²³koŋ⁵³tsɔk³a³³

你哥哥　和　弟弟　做　什么
Nǐ gēge　hé　dìdi　zuò　shénme

工作　呢?
gōngzuò　ne?

我　　大佬　系　　电子
ŋɔ²³　tai²²lou³⁵　hei²²　tin²²tsi³⁵

厂　嘅　　工程师,
tsʻɔŋ³⁵kɛ³³　koŋ⁵³tsʻɐŋ²¹si⁵⁵

细佬　系　　宾馆　嘅
sei³³lou³⁵hei²²pɐn⁵³kun³⁵kɛ³³

服务员。
fok²mou²²jyn²¹

我　哥哥　是　　电子厂　　的
Wǒ　gēge　shì　diànzǐchǎng　de

　工程师，　弟弟　是　　宾馆
gōngchéngshī,　dìdi　shì　bīnguǎn

的　服务员。
de fúwùyuán.

## 十 月 十 五 日
sep²jyt²sep²ŋ²³jet²

Shí yuè shíwǔ rì

我　阿嫂　　以前　　学过
ŋɔ²³a³³sou³⁵ji²³ts'in²¹hɔk²kwɔ³³

英文，　　而家　　喺　　一
jeŋ⁵³men²¹⁻³⁵ji²¹ka⁵⁵hei³⁵jet⁵

间　　　中外　　　合资
kan⁵³tsoŋ⁵³ŋɔi²²hep²tsi⁵³

公司　做　翻译。
koŋ⁵⁵si⁵⁵tsou²²fan⁵³jek²

我　　嫂子　　以前　　学过
Wǒ　sǎozi　yǐqián　xuéguo

英语，　现在　在　一　家
Yīngyǔ,　xiànzài　zài　yì　jiā

中外　合资　公司　当
Zhōngwài　hézī　gōngsī　dāng

翻译。
fānyì.

## 十 月 十 六 日
sep²jyt²sep²lok²jet²

Shí yuè shíliù rì

你　　妹妹　　　结咗
nei²³mui²²⁻²¹mui²²⁻³⁵kit²tsɔ³⁵

婚　未　呀？
fen⁵³mei²²a³³

你　妹妹　结　没　结　婚
Nǐ　mèimei　jié　méi　jié　hūn

啊？
a?

未， 佢 重 读² 紧
mei²² k'∅y²³ tsoŋ²² tok² ken³⁵

书， 出年 至 大专
sy⁵³ ts'∅t⁵nin²¹ tsi²² tai²²tsyn⁵⁵

毕业。
pet⁵jip²

没有， 她 还 在 读书，
Méiyǒu, tā hái zài dúshū,
明年 才 大专 毕业。
míngnián cái dàzhuān bìyè.

十 月 十 七 日
sep²jyt²sep²ts'et⁵jet²

Shí yuè shíqī rì

你 姐姐 同
nei²³ tsɛ³⁵⁻²¹tsɛ³⁵⁻⁵⁵ t'oŋ⁵³
姐夫 喺 边度 做嘢
tsɛ³⁵fu⁵³hei³⁵ pin⁵⁵tou²² tsou²² jɛ²³
呀？
a³³
你 姐姐 和 姐夫 在 哪里
Nǐ jiějie hé jiěfu zài nǎli
工作 啊？
gōngzuò a?

佢哋 都 系 喺
k'∅y²³tei²² tou⁵⁵ hei²² hei³⁵
医院 做嘢， 姐夫 系
ji⁵³jyn²²⁻³⁵tsou²² jɛ²³ tsɛ³⁵fu⁵³hei²²
医生， 家姐 系
ji⁵⁵seŋ⁵⁵ ka⁵⁵tsɛ³⁵⁻⁵⁵ hei²²
看护。
hon⁵³wu²²
他们 都 是 在 医院
Tāmen dōu shì zài yīyuàn

工作, 姐夫 是 医生, 姐姐
gōngzuò, jiěfu shì yīshēng, jiějie

是 护士。
shì hùshi.

## 十 月 十 八 日
sɐp²jyt² sɐp²pat³ jet²

Shí yuè shíbā rì

听讲 你 呢排 学
t'ɛŋ⁵³kɔŋ³⁵ nei²³ nei⁵⁵p'ai²¹ hɔk²

打字, 学会 未 呀?
ta³⁵tsi²² hɔk²wui²³mei²² a³³

听说 你 最近 学 打字,
Tīngshuō nǐ zuìjìn xué dǎzì,

学会 没有?
xuéhuì méiyǒu?

会 会地, 唔系 几
wui²³ wui²³⁻³⁵tei²²⁻³⁵ m²¹ hei²²kei³⁵

熟手。
sok²sɐu³⁵

会 一点儿, 不太 熟练。
Huì yìdiǎnr, bú tài shúliàn.

你 有 冇 参加
nei²³ jɐu²³ mou²³ ts'am⁵³ka⁵³

电脑          训练班
tim²²nou²³       fɐn²³lin²²pan⁵⁵

学习 呀?
hɔk²tsap² a³³

你 参加 没 参加 电脑
Nǐ cānjiā méi cānjiā diànnǎo

训练班 学习 呢?
xùnliànbān xuéxí ne?

有, 我 喺 成人 业余
mou²³ŋɔ²³hei³⁵sɛŋ⁵³jɐn²¹jip²jy²¹

## 十 月 十 九 日
sɐp²jyt² sɐp²kɐu³⁵ jet²

Shí yuè shíjiǔ rì

夜大学　读书。
jɛ²²tai²²hɔk²tok⁵sy⁵³

　没有，我　在　成人　业余
Méiyǒu, wǒ zài chéngrén yèyú

夜大学　读书。
yèdàxué dúshū.

　兄弟　　姊妹　　差唔多
heŋ⁵³tei²²tsi³⁵mui²²tsʻa⁵³m²¹tɔ⁵⁵

　都　　有　　工作，　　你
tou⁵⁵ jɐu²³ koŋ⁵³tsɔk³ nei²³

　爸爸　　妈妈　　应份
pa⁵⁵⁻²¹pa⁵⁵ma⁵⁵⁻²¹ma⁵⁵ jɐŋ⁵³fɐn²²

　叹*下　世界　嘞。
tʻan³³ha²³sei³³kai³³lak³

　兄弟　姐妹　差不多　都
Xiōngdì jiěmèi chàbuduō dōu

有　工作，你 爸爸　妈妈
yǒu gōngzuò, nǐ bàba māma

应该 享 一 下儿 清福
yīnggāi xiǎng yí xià(r) qīngfú

了。
le.

# 生 词 表

1. 家头细务 ka⁵³t ʻeu²¹sei³³mou²²　　　　家务事儿 jiāwùshì(r)

2. 搞掂 kau³⁵tim²²　　　　　　　　　　弄妥 nòngtuǒ

3. 洗衣机 sei³⁵ji⁵⁵kei⁵⁵　　　　　　　　洗衣机 xǐyījī

4. 洗衫 sei³⁵sam⁵⁵　　　　　　　　　　洗衣服 xǐ yīfu

5. 煮饭 tsy³⁵fan²²　　　　　　　　　　煮饭 zhǔ fàn

6. 电饭煲 tin²²fan²²pou⁵⁵　　　　　　　电饭锅 diànfànguō

7. 老豆 lou²³teu²²　　　　　　　　　　父亲 fùqin

8. 老母 lou²³mou²³⁻³⁵　　　　　　　　母亲 mǔqin

9. 退休 t ʻØy³³jeu⁵³　　　　　　　　　退休 tuìxiū

10. 电子厂 tim²²tsi³⁵ts ʻɔŋ³⁵　　　　　　电子厂 diànzǐchǎng

11. 工程师 koŋ⁵³ts ʻeŋ²¹si⁵⁵　　　　　　工程师 gōngchéngshī

12. 服务员 fok²mou²²jyn²¹　　　　　　服务员 fúwùyuán

13. 阿嫂 a³³sou³⁵　　　　　　　　　　嫂子 sǎozi

14. 英文 jeŋ⁵³men²¹⁻³⁵　　　　　　　　英语 Yīngyǔ

15. 中外合资公司　　　　　　　　　中外合资公司
　　 tsoŋ⁵³ŋɔi²²hep² tsi⁵³koŋ⁵⁵si⁵⁵　　Zhōngwài hézī gōngsī

16. 翻译 fan⁵³jek²　　　　　　　　　　翻译 fānyì

17. 妹妹 mui²²⁻²¹mui²²⁻³⁵　　　　　　　妹妹 mèimei

18. 大专 tai²²tsyn⁵⁵　　　　　　　　　大专 dàzhuān

19. 姐姐 tsɛ³⁵⁻²¹tsɛ³⁵⁻⁵⁵　　　　　　　姐姐 jiějie

20. 姐夫 tsɛ³⁵fu⁵³　　　　　　　　　　姐夫 jiěfu

21. 医院 ji⁵³jyn²²⁻³⁵         医院 yīyuàn

22. 医生 ji⁵⁵sɐŋ⁵⁵         医生 yīsheng

23. 看护 hɔŋ⁵³wu²²         护士 hùshì

24. 听讲 tʻɛŋ⁵³kɔŋ³⁵         听说 tīngshuō

25. 打字 ta³⁵tsi²²         打字 dǎ zì

26. 会会地 wui²³wui²³⁻³⁵tei²³⁻³⁵         会一点儿 huì yìdiǎnr

27. 熟手 sok²sɐu³⁵         熟练 shúliàn

28. 电脑 tim²²nou²³         电脑 diànnǎo

29. 训练班 fen²³lin²²pan⁵⁵         训练班 xùnliànbān

30. 成人业余夜大学         成人业余夜大学
    sɐŋ²¹jen²¹jip²jy²¹jɛ²²tai²²hɔk²         Chéngrén yèyú yèdàxué

31. 兄弟姊妹 heŋ⁵³tei²²tsi³⁵mui²²         兄弟姐妹 xiōngdì jiěmèi

32. 爸爸 pa⁵⁵⁻²¹pa⁵⁵         爸爸 bàba

33. 妈妈 ma⁵⁵⁻²¹ma⁵⁵         妈妈 māma

34. 叹世界 tʻan³³sei²²kai³³         享清福 xiǎng qīngfú


下旬         下旬
ha²²tsʻɵn²¹         Xiàxún
响   银行         在   银行
hœŋ³⁵ŋen²¹hɔŋ²¹         Zài yínháng


十 月 二十 一 日 ┃ 出咗   粮 又 发咗
sɐp²jyt²ji²²sɐp²jɛt⁵jɛt² ┃ tsʻɵ⁵tsɔ³⁵lœŋ²¹jɐu²²fat³tsɔ³⁵

— 200 —

奖金， 去 银行
tsœŋ³⁵ke m⁵⁵ hØy³³ ŋen²¹hɔŋ²¹

存咗 啲 钱 啦。
ts'yn²¹tsɔ³⁵ti⁵⁵ ts'in²¹⁻³⁵la⁵⁵

发了 工资 和 奖金， 到
Fāle gōngzī hé jiǎngjīn, dào

银行 去 把 钱 存了 吧。
yínháng qù bǎ qián cúnle ba.

中国 工商
tsoŋ⁵³kwɔk³ koŋ⁵³sœŋ⁵³

银行 有 自动
ŋen²¹hɔŋ²¹ jeu²³ tsi²²toŋ²²

取款机， 攞钱
ts'Øy³⁵fun³⁵kei⁵⁵ lo³⁵ts'in²¹⁻³⁵

好 方便 㗎。
hou³⁵ fɔŋ⁵³pin²² ka³³

中国工商银行
Zhōngguó Gōngshāng Yínháng

有 自动 取款机， 取 钱
yǒu zìdòng qǔkuǎnjī, qǔ qián

很 方便 的。
hěn fāngbiàn de.

十 月 二十二 日
sɐp²jyt²ji²²sɐp²ji²²jet²

唔该 同 我 办 个
m²¹kɔi⁵³ t'oŋ²¹ ŋɔ²³ pan²² kɔ³³

活期 存折。
wut²k'ei²¹ts'yn²¹tsip²

请 替 我 办 一个 活期
Qǐng tì wǒ bàn yí ge huóqī

存折。
cúnzhé.

要　唔要　登记　密码
jiu$^{33}$ m$^{21}$ jiu$^{33}$ teŋ$^{53}$ kei$^{33}$ met$^{2}$ ma$^{23}$

呀?
a$^{33}$

要　不要　登记　密码　呢?
Yào bu yào dēngjì mìmǎ ne?

呢度　有　冇　办
nei$^{55}$ tou$^{22}$ jeu$^{23}$ mou$^{23}$ pan$^{22}$

零存　　　　整取
leŋ$^{21}$ ts'yn$^{21}$　　tseŋ$^{35}$ ts'Øy$^{35}$

同　定活　两　用
t'oŋ$^{21}$ teŋ$^{22}$ wut$^{2}$ lœŋ$^{23}$ joŋ$^{22}$

存款　㗎。
ts'yn$^{21}$ fun$^{35}$ ka$^{33}$

这里　有　没有　办　零　存
Zhèli yǒu méiyǒu bàn líng cún

整　取　和　定活　两
zhěng qǔ hé dìng-huó liǎng

用　存款　的?
yòng cúnkuǎn de?

有　几多　年利率　呀?
jeu$^{23}$ kei$^{35}$ tɔ$^{55}$ nin$^{21}$ lei$^{22}$ lØt$^{2-35}$ a$^{33}$

有　多少　年利率　啊?
Yǒu duōshao niánlìlǜ a?

要　存　几多　钱
jiu$^{33}$ ts'yn$^{21}$ kei$^{35}$ tɔ$^{55}$ ts'in$^{21-35}$

Shí yuè èrshísì rì

至 办 得 大额
tsi³³ pan²² te k⁵ tai²² ŋak²⁻³⁵

定期 存款?
teŋ²² k'ei²¹ ts'yn²¹ fun³⁵

要 存 多少 钱 才能
Yào cún duōshao qián cáinéng

办 大额 定期 存款?
bàn dà'é dìngqī cúnkuǎn?

起码 五百 文。
hei³⁵ ma²³ ŋi²³ pak³ men²¹⁻⁵⁵

起码 五百 元。
Qǐmǎ wǔbǎi yuán.

**十 月 二 十 五 日**
sep² jyt² ji²² sep² ŋ²³ jet²

Shí yuè èrshíwǔ rì

定期 存款 已
teŋ²² k'ei²¹ ts'yn²¹ hun³⁵ ji²³

到期, 再 继续
tou³³ k'ei²¹ tsɔi³³ kei³³ ts'ok²

存 一年。
ts'yn²¹ jet⁵ nin²¹

定期 存款 已 到期, 再
Dìngqī cúnkuǎn yǐ dàoqī, zài

继续 存 一年。
jìxù cún yì nián.

捞翻 啲 利息 出嚟。
lɔ³⁵ fan⁵⁵ ti⁵⁵ lei²² sek⁵ ts'Øt⁵ lei²¹

把 利息 取 出来。
Bǎ lìxī qǔ chūlai.

**十 月 二 十 六 日**
sep² jyt² ji²² sep² lok² jet²

小姐, 定期 存款
siu³⁵ tsɛ³⁵ teŋ²² k'ei²¹ ts'yn²¹ fun³⁵

— 203 —

未　　　　到期，　　　　想
mei²² tou³³k'ei²¹ sœŋ³⁵
提前　攞，得　唔　得　呀？
t'ei²¹ts'in²¹lɔ²³tek⁵m²¹tek⁵a³³

小姐，　定期　存款　未
Xiǎojie, dìngqī cúnkuǎn wèi
到期，想　提前取，行　不
dàoqī, xiǎng tíqián qǔ, xíng bu
行？
xíng?

得，　　要　　本人　　　带
tek⁵ jiu³³ pun³⁵ jen²¹ tai³³
身份证　　嚟　攞。
sen⁵³fen³⁵tseŋ³³lei²¹lɔ³⁵

行，　　要　　本人　　带
Xíng, yào běnrén dài
身份证　来取。
shēnfènzhèng lái qǔ.

# 十月 二十七 日
sep²jyt²ji²²sep²ts'et⁵jet²

呢　张　　支票　要　换
nei⁵⁵tsœŋ⁵³tsi³p'iu³³jiu³³wun²²
现金，　点　办　手续
jin²²kem⁵⁵tim³⁵pan²²seu³⁵sok²
呀？
a³³

这　张　　支票　要
Zhè zhāng zhīpiào yào
换成　现金，怎么　办
huànchéng xiànjīn, zěnme bàn
手续　呢？
shǒuxù ne?

响　　呢度　　　签字
hœŋ$^{35}$　nei$^{55}$tou$^{22}$　ts'im$^{53}$tsi$^{22\text{-}35}$

啦
la$^{55}$

在　这里　签名　　吧。
Zài zhèli qiānmíng ba.

边间　　　银行　　　可以
pin$^{55}$kan$^{53}$　ŋɛn$^{21}$hɔŋ$^{21}$　hɔ$^{35}$..$^{23}$

存　外币　嘅呢?
ts'yn$^{21}$ŋɔi$^{22}$pei$^{22}$kɛ$^{55}$nɛ$^{55}$

哪　一　家　银行　可以　存
Nǎ yì jiā yínháng kěyǐ cún

外币　呢?
wàibì ne?

中国　　　　　　人民
tsoŋ$^{53}$kwɔk$^{3}$　　jen$^{21}$men$^{21}$

建设银行　　就　得。
kin$^{33}$ts'it$^{3}$ŋɛn$^{21}$hɔŋ$^{21}$tseu$^{22}$tek$^{5}$

中国人民建设
Zhōngguó Rénmín Jiànshè

银行　就　可以。
Yínháng jiù kěyǐ.

我$^{23}$　存　　一千　　　文
ŋɔ$^{23}$　ts'yn$^{21}$　jet$^{5}$ts'in$^{55}$　men$^{55}$

美金。
mei$^{23}$kɛm$^{55}$

我　存　一千　美元。
Wǒ cún yìqiān měiyuán.

## 十月　二十八　日
sep$^{2}$jyt$^{2}$ji$^{22}$sep$^{2}$pat$^{3}$jet$^{2}$

Shí yuè èrshíbā rì

## 十月　二十九　日
sep$^{2}$jyt$^{2}$ji$^{22}$sep$^{2}$keu$^{35}$jet$^{2}$

Shí yuè èrshíjiǔ rì

请　　填　　一　　张
ts'ɛŋ³⁵　t'in⁵³　jet⁵　tsœn⁵³

美金　　　　　存款单，
mei²³kem⁵⁵　　ts'yn²¹fun³⁵tan⁵⁵

重　要　登记　一　下
tsoŋ²²　jiu³³　teŋ⁵³kei³³　jet⁵　ha²³

票面　　　号码　　添。
p'iu³³min²²⁻³⁵hou²²ma²³t'im⁵³

请　填　一　张　　美元
Qǐng tián yì zhāng měiyuán

存款单，还　要　登记　一
cúnkuǎndān, hái yào dēngjì yí

下儿　票面　　号码。
xià(r) piàomiàn hàomǎ.

用　　港纸　　　换
joŋ²²　koŋ³⁵tsi³⁵　　wun²²

人民币　　　去　边度
jen²¹men²¹pei²²　hØy³³pin⁵⁵tou²²

换　呀？
wun²²a³³

用　港币　换　人民币
Yòng gǎngbì huàn rénmínbì

到　哪里　去　换　呢？
dào nǎli qù huàn ne?

去　　　　中国银行
hØy³³　tsoŋ⁵³kwɔk³ŋen²¹hoŋ²¹

换　啦。
wun²²la⁵⁵

到　中国银行　　去
Dào Zhōngguó Yínháng qù

十　月　三十　日
sep²jyt²sam⁵³sep²jet²

Shí yuè sānshí rì

换 吧。
huàn ba.

## 十 月 三十一 日
sɐp²jyt²sam⁵³sɐp²jɐt⁵jɐt²

## Shí yuè sānshíyī rì

而家 利息 提高 咗,
ji²¹ka⁵⁵ lei²²sek⁵ t'ei²¹kou⁵³ tsɔ³⁵

定期 存款 系 唔
teŋ²²k'ei²¹ ts'yn²¹fun³⁵ hei²² m̩²¹

系 分 段 计息 呢?
hei²² fɐn⁵³tyn²² kɐi³³sek⁵ nɛ⁵⁵

现在 利息 提高了, 定期
Xiànzài lìxī tígāole, dìngqī

存款 是 不 是 分 段
cúnkuǎn shì bu shì fēn duàn

计息 呢?
jìxī ne?

计息 办法 嘅
kɐi³³sek⁵ pan²²fat³ kɛ³³

通知 贴 喺 吖度,
t'oŋ⁵³tsi⁵³ t'ip³ hei³⁵ kɔ³⁵tou²²

你 去 睇睇 啦。
nei²³hɵy³³t'ei³⁵t'ei³⁵la⁵⁵

计息 办法 的 通知 贴 在
Jìxī bànfǎ de tōngzhī tiē zài

那里, 你 去 看看 吧。
nàli, nǐ qù kànkan ba.

## 生 词 表

1. 银行 ŋɐn²¹hɔŋ²¹      银行 yínháng

2. 出粮 tsʻØt⁵lœŋ²¹     发工资 fā gōngzī

3. 奖金 tsœŋ³⁵kem⁵⁵     奖金 jiǎngjīn

4. 存 tsʻyn²¹        存 cún

5. 中国工商银行 tsoŋ⁵³kuɔk³koŋ⁵³   中国工商银行 Zhōngguó
   sœŋ⁵³ŋɐn²¹hɔŋ²¹      Gōngshāng Yínháng（专
            名）

6. 自动取款机       自动取款机 zìdòng qǔkuǎnjī
   tsi²²toŋ²²tsʻØy³⁵fun³⁵kei⁵⁵

7. 捋钱 lɔ²³tsʻin²¹⁻³⁵      取钱 qǔ qián

8. 活期 wut²kʻei²¹      活期 huóqī

9. 存折 tsʻyn²¹tsip²      存折 cúnzhé

10. 登记 teŋ⁵³kei³³      登记 dēngjì

11. 密码 met²ma²³      密码 mìmǎ

12. 零存整取       零存整取 líng cún zhěng qǔ
   leŋ²¹tsʻyn²¹tseŋ³⁵tsʻØy³⁵

13. 定活两用 teŋ²²wut³lœŋ²³joŋ²²   定 活 两 用 dìng-huó liǎng
             yòng

14. 存款 tsʻyn²¹fun³⁵      存款 cúnkuǎn

15. 年利率 nin²¹lei²²lØt²⁻³⁵    年利率 niánlìlǜ

16. 大额 tai²²ŋak²⁻³⁵      大额 dà'é

17. 定期 teŋ$^{22}$k'ei$^{21}$          定期 dìngqī

18. 起码 hei$^{35}$ma$^{23}$          起码 qǐmǎ

19. 五百文 ŋ$_i^{23}$pak$^3$ me n$^{21-55}$          五百元 wǔbǎi yuán

20. 到期 tou$^{33}$k'ei$^{21}$          到期 dàoqī

21. 继续 kei$^{33}$tsok$^2$          继续 jìxù

22. 利息 lei$^{22}$sek$^5$          利息 lìxī

23. 提前 t'ei$^{21}$ts'in$^{21}$          提前 tíqián

24. 本人 pun$^{35}$je n$^{21}$          本人 běnrén

25. 身份证 sen$^{53}$fe n$^{35}$tseŋ$^{33}$          身份证 shēnfènzhèng

26. 支票 tsi$^{53}$p'iu$^{33}$          支票 zhīpiào

27. 现金 jin$^{22}$ke m$^{55}$          现金 xiànjīn

28. 签字 ts'im$^{53}$tsi$^{22-35}$          签名 qiān míng

29. 外币 ŋɔi$^{22}$pe i$^{22}$          外币 wàibì

30. 中国人民建设银行          中国人民建设银行

     tsoŋ$^{53}$kwɔk$^3$ je n$^{21}$ me n$^{21}$kin$^{33}$ts'it$^3$          Zhōngguó Rénmín

     ŋe n$^{21}$hɔŋ$^{21}$          Jiànshè Yínháng(专名)

31. 一千文 je t$^5$ ts'in$^{55}$me n$^{21-55}$          一千元 yìqiān yuán

32. 美金 mei$^{23}$ke m$^{55}$          美元 měiyuán

33. 票面 p'iu$^{33}$min$^{22-35}$          票面 piàomiàn

34. 号码 hou$^{22}$ma$^{23}$          号码 hàomǎ

35. 港纸 kɔŋ$^{35}$tsi$^{35}$          港币 gǎngbì

36. 人民币 je n$^{21}$me n$^{21}$pe i$^{22}$          人民币 rénmínbì

37. 中国银行 tsoŋ⁵³kwɔk³ ŋɐn²¹hɔŋ²¹    中国银行 Zhōngguó
                                     Yínháng（专名）

38. 利息 lei²²sek⁵              利息 lìxī

39. 提高 t‘ɐi²¹kou⁵³            提高 tígāo

40. 分段 fɐn⁵³tyn²²             分段 fēn duàn

41. 办法 pan²²fat³              办法 bànfǎ

42. 通知 t‘oŋ⁵³tsi⁵³           通知 tōngzhī

43. 贴 t‘ip³                   贴 tiē

# 十一月　　十一月
sɐp² jɐt⁵ jyt²　　Shíyī yuè

上旬　　　　上旬
sœŋ²²ts'øn²¹　　Shàngxún

饮　早茶　　吃　早点（喝　早茶）
jɐm²³tsou³⁵ts'a²¹　Chī zǎodiǎn（Hē zǎochá）

十一月一日
sɐp²jɐt⁵jyt²jɐt⁵jɐt²

Shíyī yuè yī rì

呢　间　茶居　嘅
nei⁵⁵ kan⁵³ ts'a²¹køy⁵⁵ kɛ³³
点心　好　有名　嘅,
tim³⁵sɐm⁵⁵ hou³⁵ jɐu²³mɛŋ³⁵ kɛ³³
我　请　你　饮　茶　啦。
ŋɔ²³ts'ɛŋ³⁵nei²³jɐm²³ts'a²¹la⁵⁵

这家　茶馆儿　的　点心
Zhè jiā cháguǎn(r) de diǎnxin
很　有名，我　请　你　去　吃
hěn yǒumíng, wǒ qǐng nǐ qù chī
早点　吧。
zǎo diǎn ba.

十一 月 二 日
sɐp²jɛt⁵ jyt² ji²² jɛt²

Shíyī yuè èr rì

十一 月 三 日
sɐp²jɛt⁵ jyt² sɐm⁵³jɛt²

Shíyī yuè sān rì

---

两 位 饮 乜嘢
lœŋ²³ wei²²⁻³⁵ jɐm²³ mɐt⁵jɛ²³

茶 呢?
tsʰa²¹nɛ⁵⁵

两 位 喝 什么 茶 呢?
Liǎng wèi hē shénme chá ne?

普洱 或者 茉
pʰou³⁵lei³⁵ wek²tsɛ³⁵ mut²

莉花 茶 都 得。
lei²²⁻³⁵fe⁵⁵ tsʰa²¹tou⁵⁵ tek⁵

普洱茶 或者 茉莉花茶
Pǔ'ěrchá huòzhě mòlihuāchá

都 可以。
dōu kěyǐ.

攞 啲 烧卖 同
lɔ³⁵ ti⁵⁵ siu⁵³mei²²⁻³⁵ tʰoŋ²¹

叉烧包。
tsʰa⁵⁵si⁵⁵pau⁵⁵

拿 一些 烧卖 和 烤 肉
Ná yìxiē shāomai hé kǎo ròu

包子。
bāozi.

再 要 啲 炸 春卷
tsɔi³³ jiu³³ ti⁵⁵ tsa³³ tsʰøn⁵³kyn³⁵

同 糯米鸡 添。
tʰoŋ²¹nɔ²²mei²³kei⁵⁵tʰim⁵³

再 要 一些 炸 春卷儿
Zài yào yìxiē zhá chūnjuǎn(r)

和　江米鸡肉粽子。
hé jiāngmǐ jīròu zòngzi.

## 十一月四日
sɐp²jet⁵ jyt² sei³³ jet²

Shíyī yuè sì rì

甜　　点心　有　乜嘢
t'im²¹ tim³⁵ sem⁵⁵ jeu²³ met⁵ jɛ²³

好　食　嘅呢?
hou³⁵ sek² kɛ³³ nɛ⁵⁵

甜　点心　有　什么　好吃
Tián diǎnxin yǒu shénme hǎochī

的呢?
de ne?

椰挞　　同　　马蹄糕
jɛ²¹t'at⁵ t'oŋ²¹ ma²³t'ei²¹kou⁵⁵

都　唔错　㗎。
tou⁵⁵ m²¹ts'ɔ³³ka³³

椰子馅儿　烘饼　　　和
Yēzixiàn(r) hōngbǐng　　hé

荸荠糕　都　不错 的。
bíqigāo dōu búcuò de.

## 十一月五日
sɐp²jit⁵ jyt² ŋ²³ jet²

Shíyī yuè wǔ rì

食　唔 食　凤爪　同
sek⁵ m²¹ sek⁵ foŋ²²tsau³⁵ t'oŋ²¹

排骨　呀?
p'ai²¹kwet⁵a³³

吃 不 吃 鸡 爪子 和 排骨
Chī bu chī jī zhuǎzi hé páigǔ

呢?
ne?

我　想　食　皮蛋
ŋ²³ sœŋ³⁵ sek² p'ei²¹tan²²⁻³⁵

— 213 —

粥。
tsok⁵

我　想　吃　松花蛋　稀
Wǒ xiǎng chī sōnghuādàn xī-
饭。
fàn.

十一　月　六　日
sɐp²jit⁵jyt²lok²jɐt²

Shíyī yuè liù rì

呢啲　　肠粉　　好
nei⁵⁵ti⁵⁵ ts'œŋ²¹⁻³⁵fen³⁵ hou³⁵

软滑，几　好　食。
jyn²³wat²kei³⁵hou³⁵sek²

这些　蒸粉　很　软滑，
Zhèxiē zhēngfěn hěn ruǎnhuá,
很　好吃。
hěn hǎochī.

使　唔　使　加　一啲
sei³⁵ m̩²¹ sei³⁵ ka⁵³ jɐt⁵ti⁵⁵

胡椒粉　呀？
wu²¹tsiu⁵³fen³⁵a³³

要　不　要　加　一点儿
Yào bu yào jiā yìdiǎn(r)
胡椒面儿　呢？
hújiāomiàn(r) ne?

十一　月　七　日
sɐp²jɐt⁵jyt²ts'ɐt⁵jɐt²

Shíyī yuè qī rì

呢度　　啲　　煎饺
nei⁵⁵tou²² ti⁵⁵ tsin⁵³kau³⁵

几好　嚟，要　唔　要　啲
kei³⁵hou³⁵ka³³ jiu³³ m̩²¹ jiu³³ ti⁵⁵

试下？
si³³ha²³

这里的　煎　饺子　不错　的，
Zhèli de jiān jiǎozi búcuò de,

要　　不　　要　　　一点儿
yào　　bu　　yào　　yìdiǎn(r)
　　尝尝?
chángchang?

　咁　多　嘢,唔　食　得　晒
kɛm$^{33}$ tɔ$^{53}$ jɛ$^{23}$ m$^{21}$ sek$^{5}$ tek$^{5}$ sai$^{33}$

喋。
ka$^{33}$

　这么　多　　东西　吃　不　完
Zhème duō dōngxi, chī bu wán
的。
de.

　而家　重　好　早　啫,
ji$^{21}$ka$^{55}$ tsoŋ$^{22}$ hou$^{35}$ tsou$^{35}$ tsɛ$^{55}$
　　慢慢　　食　啦,唔使
mai$^{22}$mai$^{22\text{-}55}$ sek$^{2}$ la$^{55}$ m$^{21}$ sei$^{35}$

　咁　喉急。
kɛm$^{33}$ heu$^{21}$ kep$^{5}$

　现在　还　早,　慢慢儿　地
Xiànzài hái zǎo, mànmān(r) de
吃　吧,不用　那么　急。
chī ba, búyòng nàme jí.

　　茶居　　　有　　　各式
ts'a$^{21}$kʘy$^{55}$　 jeu$^{23}$　 kɔk$^{3}$sek$^{5}$

　各样　　嘅　　　点心,
kɔk$^{3}$jœŋ$^{22}$　 kɛ$^{33}$　 tim$^{35}$sem$^{55}$

　唔怪得之　　俗语　有
m$^{21}$kwai$^{33}$tek$^{5}$tsi$^{53}$tsok$^{2}$jy$^{23}$jeu$^{23}$

十一　月　八　日
sɛp$^{2}$jet$^{5}$jyt$^{2}$pat$^{3}$jet$^{2}$

Shíyī yuè bā rì

十一　月　九　日
sɛp$^{2}$jet$^{5}$jyt$^{2}$keu$^{35}$jet$^{2}$

Shíyī yuè jiǔ rì

话 "食 在 广州" 喇。
wa²² sek² tsɔi²² kwɔŋ³⁵ tsɐu⁵³ la³³

茶馆儿 有 各式各样
Cháguǎn(r) yǒu gèshì-gèyàng
的 点心, 难怪 俗话 说
de diǎnxin, nánguài súhuà shuō
"吃在 广州" 呢。
"Chī zài Guǎngzhōu" ne.

广州 人 中意 饮
kwɔŋ³⁵ tsɐu⁵³ jɐn²¹ tsoŋ⁵³ ³³ ji³³ jɐm³⁵

早茶 同埋 宵
tsou³⁵ tsʻa²¹ toŋ²¹ mai²¹ siu⁵³
夜。
jɛ²²⁻³⁵

广州 人 喜欢 喝
Guǎngzhōu rén xǐhuan hē
早茶 和 吃 夜宵。
zǎochá hé chī yèxiāo.

夜晚 我哋 去
jɛ²² man²³ ŋɔ²³ tei²² hɵy³³
打边炉 或者 食
ta³⁵ pin⁵³ lou²¹ wak² tsɛ³⁵ sek²
云吞 好嘛?
wɐn²¹ tʻɐn⁵⁵ hou³⁵ ma²³

晚上 我们 去 吃
Wǎnshang wǒmen qù chī
火锅儿 或者 吃 馄饨
huǒguō(r) huòzhě chī húntun
好 吗?
hǎo ma?

十 一 月 十 日
sɐp² jɐt⁵ jyt² sɐp² jɐt²

Shíyī yuè shí rì

# 生 词 表

1. 饮早茶 jɐm³⁵ tsou³⁵ tsʻaʔ²¹     吃早点 chī zǎodiǎn, 喝早茶 hē zǎochá

2. 茶居 tsʻaʔ²¹kØy⁵⁵     茶馆儿 cháguǎn(r)

3. 普洱 pʻou³⁵lei³⁵     普洱茶 pǔ'ěrchá

4. 茉莉花茶 mut² lei²²⁻³⁵fa⁵⁵tsʻaʔ²¹     茉莉花茶 mòlìhuāchá

5. 烧卖 siu⁵³mai²²⁻³⁵     烧卖 shāomai

6. 叉烧包 tsʻaʔ⁵⁵siu⁵⁵pau⁵⁵     烤肉包子 kǎo ròu bāozi

7. 炸春卷 tsa³³tsʻØn⁵³kyn³⁵     炸春卷儿 zhá chūnjuǎn(r)

8. 糯米鸡 nɔ²²mei²³kɐi⁵⁵     江米鸡肉粽子 jiāngmǐ jīròu zòngzi

9. 甜点心 tʻim²¹tim³⁵sɐm⁵⁵     甜点心 tián diǎnxin

10. 椰挞 jɛ²¹tʻat⁵     椰子馅儿烘饼 yēzixiàn(r) hōngbǐng

11. 马蹄糕 ma²¹tʻɐi²¹kou⁵⁵     荸荠糕 bíqigāo

12. 凤爪 foŋ²²tsau³⁵     鸡爪子 jī zhuǎzi

13. 排骨 pʻai²¹kwɐt⁵     排骨 páigǔ

14. 皮蛋 pʻei²¹tan²²⁻³⁵     松花蛋 sōnghuādàn

15. 粥 tsok⁵     稀饭 xīfàn

16. 肠粉 tsʻœŋ²¹⁻³⁵fɐn³⁵（长圆状的粉）     蒸粉 zhēngfěn

17. 软滑 jyn²³wat²     软滑 ruǎnhuá

18. 加 ka⁵³     加 jiā

19. 胡椒粉 wu²¹ tsiu⁵³ fen³⁵　　　胡椒面儿 hújiāomiàn(r)

20. 煎饺 tsin⁵³kau³⁵　　　煎饺子 jiān jiǎozi

21. 慢慢 man²²man²²⁻⁵⁵　　　慢慢儿 mànmān(r)

22. 喉急 heu²¹kep⁵　　　急 jí

23. 各式各样 kɔk² sek² kɔk²　　　各式各样 gèshìgèyàng
　　　　jœŋ²²

24. 唔怪得之 m̩²¹kwai³³tɐk⁵　　　难怪 nánguài
　　　　tsi⁵³

25. 俗语有话 tsok² jy²³jɐu²³wa²²　　　俗话说 súhuà shuō

26. 食在广州 sek² tsɔi²²kwɔŋ³⁵　　　吃在广州 chī zài Guǎng -
　　　　tsɐu⁵³　　　　　　　　　　　　zhōu

27. 宵(消)夜 siu⁵³jɛ²²⁻³⁵　　　夜宵 yèxiāo,吃夜宵
　　　　　　　　　　　　　　　　　　　chī yèxiāo

28. 打边炉 ta³⁵pin⁵³lou²¹　　　吃火锅儿 chī huǒguō(r)

29. 云吞 wen²¹t'ɐn⁵⁵　　　馄饨 húntun


中旬　　　中旬
tsoŋ⁵³ts'∅n²¹　Zhōngxún
响　酒家　　　在　酒家
hœŋ³⁵tsɐu³⁵ka⁵⁵　Zài jiǔjiā


十一 月 十一 日 ┃ 几位　　请　　理去
sɐp²jɛt⁵jyt²sɐp²jɛt⁵jɛt² ┃ kei³⁵wei²²⁻³⁵ts'ɛŋ³⁵mai²¹h∅y³³

| | |
|---|---|
| Shíyī yuè shíyī rì | 坐 啦。<br>ts'ɔ²³la⁵⁵ |
| | 几位 请 进去 坐 吧。<br>Jǐwèi qǐng jìnqu zuò ba. |
| | 呢 张 系 菜牌,<br>nei⁵⁵ tsœŋ⁵³ hei²² ts'ɔi³³ p'ai²¹⁻³⁵ |
| | 请 点 菜。<br>ts'ɛŋ³⁵ tim³⁵ ts'ɔi³³ |
| | 这 是 菜单儿, 请 点<br>Zhè shì càidān(r), qǐng diǎn<br>菜。<br>cài. |
| 十一 月 十二 日<br>sɐp²jet⁵jyt²sɐp²ji²²jet² | 要 一 碟 白斩鸡, 一<br>jiu³³ jet⁵ tip² pak² tsam⁵³ kei⁵⁵ jet⁵ |
| Shíyī yuè shí'èr rì | 碟 菜心 炒 猪<br>tip² ts'ɔi³³ sɐm⁵³ ts'au³⁵ tsy⁵³ |
| | 膶。<br>jØn²²⁻³⁵ |
| | 要 一 盘儿 白切鸡, 一<br>Yào yì pán(r) báiqiējī, yì |
| | 盘儿 油菜 炒 猪肝儿。<br>pán(r) yóucài chǎo zhūgān(r). |
| | 重 要 一 碟 烧<br>tsoŋ²²jiu³³jet⁵tip²siu⁵³ |

乳猪　同　烧鹅。
jy²³ tsy⁵⁵ t'oŋ²¹ siu⁵³ ŋɔ²¹⁻³⁵

还要一盘儿烤乳猪和
Hái yào yì pán(r) kǎo rǔzhū hé

烤鹅。
kǎo'é.

## 十一月 十三 日
sɐp² jet⁵ jyt² sɐp² sam⁵³ jet²

Shíyī yuè shísān rì

有啲也嘢　海鲜　呀?
jɐu²³ ti⁵⁵ met⁵ jɛ²³ hɔi³⁵ sin⁵⁵ a³³

有些什么 海鲜 呢?
Yǒu xiē shénme hǎixiān ne?

有　　清蒸　　石斑
jɐu²³ ts'eŋ⁵³ tseŋ⁵³ sɛk² pan⁵⁵

鱼　同　桂鱼。
jy²¹⁻³⁵ t'oŋ²¹ kwei³³ jy²¹

有 清蒸 石斑鱼 和
Yǒu qīngzhēng shíbānyú hé

鳜鱼。
guìyú.

## 十一 月 十四 日
sɐp² jet⁵ jyt² sɐp² sei³³ jet²

Shíyī yuè shísì rì

我　最　中意　食虾
ŋɔ²³ tsøy³³ tsoŋ⁵³ ji³³ sɛk² ha⁵⁵

同　蟹。
t'oŋ²¹ hai²³

我 最 喜欢 吃 虾 和
Wǒ zuì xǐhuan chī xiā hé

螃蟹。
pángxiè.

噉 要 一 碟 虾碌 同
ke m³⁵ jiu³³ je t⁵ tip² ha⁵⁵ lok⁵ t'oŋ²¹

花蟹 啦。
fa⁵³ hai²³ la⁵⁵

那么 要 一 盘儿 大虾
Nàme yào yì pán(r) dàxiā-

块儿 和 花螃蟹 吧。
kuài(r) hé huāpángxiè ba.

要 饮 啲 乜嘢 汤 呢?
jiu³³ je m³⁵ ti⁵⁵ me t⁵ je²³ t'ɔŋ⁵³ ne⁵⁵

要 喝点儿 什么 汤 呢?
Yào hē diǎnr shénme tāng ne?

要 粟米羹 抑或
jiu³³ sok⁵ me i²³ keŋ⁵ jek⁵ wak²

鸡蛋 番茄 汤
ke i⁵³ tan²²⁻³⁵ fan⁵⁵ k'ɛ²¹⁻³⁵ t'ɔŋ⁵⁵

都 得。
tou⁵⁵ te k⁵

要 玉米 汤 或者 鸡蛋
Yào yùmǐ tāng huòzhě jīdàn

西红柿 汤 都 可以。
xīhóngshì tāng dōu kěyǐ.

要 唔 要 饭 呀?
jiu³³ m²¹ jiu³³ fan²² a³³

要 不要 饭 啊?
Yào bu yào fàn a?

要 一 碟 扬州 炒
jiu³³ je t⁵ tip² jœŋ²¹ tseu⁵³ ts 'au³⁵

饭。
fan²²

要 一 盘儿 扬州 炒
Yào yì pán(r) Yángzhōu chǎo

饭。
fàn.

冇 冇 炒 沙河粉
jeu²³ mou²³ ts 'au³⁵ sa⁵³ hɔ²¹ fen³⁵

同 炒面(麵) 呀?
t 'oŋ²¹ ts 'au³⁵ min²² a³³

有 没有 炒 米粉 和
Yǒu méiyou chǎo mǐfěn hé

炒面 啊?
chǎomiàn a?

冇 芽菜 炒 牛
jeu²³ ŋa²¹ ts 'ɔi³³ ts 'au³⁵ ŋeu²¹

河 同 虾仁 炒
hɔ²¹⁻³⁵ t 'oŋ²¹ ha⁵³ jen²¹ ts 'au³⁵

面。
min²²

有 绿豆芽儿 牛肉 炒粉
Yǒu lǜdòuyá(r) niúròu chǎofěn

和 虾肉炒面。
hé xiāròu chǎomiàn.

饮 唔 饮 酒 呢?
jem³⁵ m²¹ jem³⁵ tseu³⁵ nɛ⁵⁵

Shíyī yuè shíbā rì

喝不喝酒呢？
Hé bu hē jiǔ ne?

要 一 支 啤酒 啦。
jiu³³ jet⁵ tsi⁵³ pε⁵⁵ tseu³⁵ la⁵⁵

要 一 瓶 啤酒 吧。
Yào yì píng píjiǔ ba.

十一 月 十九 日
sɐp² jet⁵ jyt² sɐp² kɐu³⁵ jet²

呢 间 酒家 嘅 餸
nei⁵⁵ kan⁵³ tseu³⁵ ka⁵⁵ kε³³ soŋ³³

Shíyī yuè shíjiǔ rì

味道 唔错， 真 系
mei²² tou²² m²¹ ts'ɔ³³ tsɐn⁵³ hei²²

食过 翻寻味。
sek² kwɔ³³ fan⁵³ ts'ɐm²¹ mei²²

这 家 酒家 的 菜 味道
Zhè jiā jiǔjiā de cài wèidao

不错， 真 是 吃了 回味
búcuò, zhēn shì chīle huíwèi-

无穷。
wúqióng.

十一 月 二十 日
sɐp² jet⁵ jyt² ji²² sɐp² jet²

重 有 好 多 招牌
tsoŋ²² jeu²³ hou³⁵ tɔ⁵³ tsiu⁵³ p'ai²¹

Shíyī yuè èrshí rì

餸 未 点。
soŋ³³ mei²² tim³⁵

还有 很 多 名牌儿 菜
Hái yǒu hěn duō míngpái(r) cài

没点。
méi diǎn.

盐焗鸡 同埋
jim²¹ kok² kɐi⁵⁵ t'oŋ²¹ mai²¹

发（髮）菜　　全鸭　　都
fat³ts'ɔi³³　ts'yn²¹ap³⁻³⁵　tou⁵⁵

系　有名　　嘅饌，第时
hei²²jeu²³mɛŋ³⁵kɛ³³sɔŋ³³tei²²si²¹

再 嚟 食 啦。
tsɔi³³lei²¹sek²¹a⁵⁵

纸包鸡和　　发菜全鸭　　都
Zhǐbāojī hé fācài quányā dōu
是　著名　的菜，下次再来
shì zhùmíng de cài, xiàcì zài lái
吃 吧。
chī ba.

## 生 词 表

1. 酒家 tseu³⁵ka⁵⁵　　　　　　酒家 jiǔjiā

2. 几位 kei³⁵wei²²⁻³⁵　　　　几位 jǐwèi

3. 埋去 mai²¹hØy³³　　　　　进去 jìnqu

4. 菜牌 ts'ɔi²²p'ai²¹⁻³⁵　　　菜单儿 càidān(r)

5. 点菜 tim³⁵ts'ɔi³³　　　　　点菜 diǎn cài

6. 碟 tip²（量词）　　　　　盘儿 pán(r)（量词）

7. 白斩鸡 pak²tsam³⁵kei⁵⁵　白切鸡 báiqiējī

8. 菜心 ts'ɔi³³sæm⁵³　　　　油菜 yóucài

9. 炒 ts'au³⁵　　　　　　　　炒 chǎo

10. 猪膶 tsy⁵³jØn²²⁻³⁵　　　　猪肝儿 zhūgān(r)

11. 烧乳猪 siu⁵³jy²³tsy⁵⁵      烤乳猪 kǎo rǔzhū

12. 烧鹅 siu⁵³ŋɔ²¹⁻³⁵      烤鹅 kǎo'é

13. 海鲜 hɔi³⁵sin⁵⁵      海鲜 hǎixiān

14. 清蒸 ts'eŋ⁵³tseŋ⁵³      清蒸 qīngzhēng

15. 石斑鱼 sɛk²pan⁵⁵jy²¹⁻³⁵      石斑鱼 shíbānyú

16. 桂鱼 kwei³³jy²¹      鳜鱼 guìyú

17. 虾 ha⁵⁵      虾 xiā

18. 蟹 hai²³      螃蟹 pángxiè

19. 噉 kɐm³⁵      这样 zhèyàng

20. 虾碌 ha⁵⁵lok⁵      大虾块儿 dàxiākuài(r)

21. 花蟹 fa⁵³hai²³      花螃蟹 huā pángxiè

22. 汤 t'ɔŋ⁵³      汤 tāng

23. 粟米羹 sok⁵mei²³keŋ⁵⁵      玉米汤 yùmǐ tāng

24. 鸡蛋 kei⁵³tan²²⁻³⁵      鸡蛋 jīdàn

25. 番茄 fan⁵⁵k'ɛ²¹⁻³⁵      西红柿 xīhóngshì

26. 扬州炒饭 jœŋ²¹tseu⁵³ts'au³⁵      扬州炒饭 Yángzhōu chǎo-
       fan²²                    fàn

27. 沙河粉 sa⁵³hɔ²¹fɐn³⁵（"沙河"      米粉 mǐfěn，

    为地名）                         沙河粉 shāhéfěn

28. 面（麵）min²²      面 miàn

29. 芽菜 ŋa²¹ts'ɔi³³      绿豆芽儿 lùdòuyá(r)

30. 炒牛河 ts'au³⁵ŋɐu²¹hɔ²¹⁻³⁵      牛肉炒粉 niúròu chǎofěn

（"河"是"沙河粉"的省略语）

31. 虾仁 ha⁵³ jen²¹　　　　　　虾肉 xiāròu

32. 啤酒 pɛ⁵⁵ jen²¹　　　　　　啤酒 píjiǔ

33. 餸 soŋ³³（包括素菜和荤菜）　菜 cài

34. 味道 mei²² tou²²　　　　　　味道 wèidao

35. 翻寻味 fan⁵³ ts'em²¹mei²²　　回味无穷 huíwèi - wúqióng

36. 招牌餸 tsiu⁵³pai²¹soŋ³³　　　名牌儿菜 míngpái(r)cài

37. 盐焗鸡 jim²¹kok² kɐi⁵⁸　　　纸包鸡 zhǐbāojī

38. 发（髮）菜全鸭 fat³ ts'ɔi³³　　发菜全鸭 fàcài quányā
　　ts'yn²¹ap³⁻³⁵

39. 第时 tɐi²²si²¹　　　　　　　下次 xiàcì


下旬　　下旬
ha²²ts'∅n²¹　Xiàxún


响 夜市　在 夜市
hœŋ³⁵jɛ²²si²³　Zài yè shì


十一 月 二十一 日　　广州　　夜市　　商品
sɐp²jɐt⁵jyt²ji²²sɐp²jɐt⁵jɐt²　kwɔŋ³⁵tsɐu⁵³ jɛ²²si²³ sœŋ⁵³ pen³⁵

Shíyī yuè èrshíyī rì　　多，有时 可以 买到
　　　　　　　　　　　　tɔ⁵³jɐu²³si²¹hɔ³⁵yi²³mai²³tou³³⁻³⁵

平嘢。
p'ɛŋ²¹ jɛ²³

广州　　夜市　商品　多，
Guǎngzhōu yèshì shāngpǐn duō,
有时候　可以　买到　便宜
yǒushíhou kěyǐ mǎidào piányi
东西。
dōngxi.

去　　个体户　　　档口
hØy³³ kɔ³³ t'ei³⁵ wu²² tɔŋ³³ heu³⁵

买　嘢，要　会　讲　价至
mai²³ jɛ²³ jiu³³ wui²³ kɔŋ³⁵ ka³³ tsi³³
得。
tek⁵

到　个体户　的　摊档　去　买
Dào gètǐhù de tāndàng qù mǎi
东西，要　会　讲　价钱　才
dōngxi, yào huì jiǎng jiàqian cái
成。
chéng.

**十一　月　二十二　日**
sɛp² jet⁵ jyt² ji²² sɛp² ji²² jet²

Shíyī yuè èrshí'èr rì

哗！　呢度　灯　　光火
wa²¹ nei⁵⁵ tou⁵³ tɛŋ⁵³ kwɔŋ⁵³ fɔ³⁵

着、　人头湧湧，　　　真
tsœk² jen²¹ t'eu²¹ joŋ³⁵ joŋ³⁵ tsen⁵³

系　　墟冚。
hei²² hØy⁵³ hem²²

嗬！　这里　　　灯火辉煌，
Hè! Zhèli dénghuǒ-huīhuáng,
人山人海，　　真是　热闹。
rénshān-rénhǎi, zhēnshi rènao.

好 多 打工仔、 打
hou³⁵ tɔ⁵³ ta³⁵koŋ⁵⁵tsei³⁵ ta³⁵

工妹 都 嚟 呢度
koŋ⁵⁵mui²²⁻⁵⁵ tou⁵⁵ lei²¹ nei⁵⁵tou²²

买 嘢 嘅。
mai²³ jɛ²³ kɛ³³

很多 年青 男 工人、
Hěn duō niánqīng nán gōngrén,
年青 女 工人 都 到
niánqīng nǚ gōngrén dōu dào
这里 来 买 东西 的。
zhèli lái mǎi dōngxi de.

丝袜 几多 钱
si⁵³met² kei³⁵tɔ⁵⁵ tsʼin²¹⁻³⁵

一打 呀?
jet⁵ta⁵⁵ a³³

丝袜 多少 钱 一打 呢?
Sīwà duōshao qián yìdá ne?

一口价, 三十六
jet⁵heu³⁵ka³³ sam⁵³sep²lok²

文。
men²¹⁻⁵⁵

实价,三十六 元。
Shíjià, sānshíliù yuán.

呢 对 皮鞋 款式
nei⁵⁵tØy³³ pʼei²¹hai²¹hun³⁵sek⁵

十一 月 二十三 日
sep²jet⁵jyt²ji²²sep²sam⁵³jet²

Shíyī yuè èrshísān rì

十一 月 二十四 日
sep²jet⁵jyt²ji²²sep²sei³³jet²

Shíyī yuè èrshísì rì

几好，系 唔 系 流嘢
kei³⁵ hou³⁵ hei²² m²¹ hei²² teu²¹ jɛ²³

嚟㗎?
lei²¹ ka³³

这 双 皮鞋 式样
Zhè shuāng píxié shìyàng
不错，是 不 是 冒牌儿货
búcuò, shì bu shì màopái(r)huò
呢?
ne?

系 真皮 嘅, 坚嘢
hei²² tsen⁵⁵ p'ei²¹⁻³⁵ kɛ³³ kin⁵³ jɛ²³

嚟㗎。
lei²¹ ka³³

是 真皮 的, 正牌儿货。
Shì zhēnpí de, zhèngpái(r)huò.

呢个 手袋 几啱
nei⁵⁵ ko³³ seu³⁵ tɔi²²⁻³⁵ kei³⁵ ŋam⁵⁵

你 用 㗎。
nei²³ joŋ²² ka³³

这个 女式 皮包儿 你 用
Zhège nǚshì píbāo(r) nǐ yòng
很 合适。
hěn héshì.

四十 文 贵 得滞,
sei³³ sep² men⁵⁵ kwei³³ tek⁵ tsei²²

# 十一 月 二 十 五 日
sep² jet⁵ jyt² ji⁵ sep² ŋ²³ jet²

Shíyī yuè èrshíwǔ rì

二十五　文　　得　唔得？
ji²²sep²ŋ²³men²¹⁻⁵⁵tek⁵m²¹tek⁵

四十元 太贵，二十五元
Sìshí yuán tài guì, èrshíwǔ yuán
成 不 成？
chéng bu chéng?

呢　　种　　　颈巾　　　后
nei⁵⁵tsoŋ³⁵kɛŋ³⁵ken⁵⁵heu²²

# 十一月二十六日
sep²jet⁵jyt²ji²²sep²lok²jet²

Shíyī yuè èrshíliù rì

仔生　缆*　最　嗱。
saŋ⁵⁵tsei³⁵lam²²tsØy³³ŋam⁵⁵

这 种 围巾 男 青年
Zhè zhǒng wéijin nán qīngnián
围 最 合适。
wéi zuì héshì.
我　　想　　买　　一　　条
ŋ²³soen³⁵mai²³jet⁵tʻiu²¹

领㧼。
lɛŋ²³tʻai⁵⁵
我 想 买一条 领带。
Wǒ xiǎng mǎi yì tiáo lǐngdài.
你 要 买　　呤手袜
nei²³jiu³³mai²³laŋ⁵⁵seu³⁵met²⁻³⁵

# 十一月二十七日
sep²jet⁵jyt²ji²²sep²tsʻet⁵jet²

Shíyī yuè èrshíqī rì

定　　皮手袜　　呢？
teŋ²²pʻei²¹seu³⁵met²⁻³⁵nɛ⁵⁵

你要买 毛线　手套儿
Nǐ yào mǎi máoxiàn shǒutào(r)
还是 皮手套儿 呢？
háishi píshǒutào(r) ne?

我 想 买 尼龙 嘅。
ŋɔ²³ sœŋ³⁵ mai²³ nei²¹loŋ²¹ kɛ³³

我 想 买 尼龙 的。
Wǒ xiǎng mǎi nílóng de.

## 十一 月 二十八 日
sɐp² jɐt⁵ jyt² ji²² sɐp² pat³ jɐt²

### Shíyī yuè èrshíbā rì

我 要 买 一 把 缩骨
ŋɔ²³ jiu³³ mai²³ jɐt⁵ pa³⁵ sok⁵ kwet⁵

遮，你 话 买 花 嘅 定
tsɛ⁵⁵ nei²³ wa²² mai²³ fa⁵⁵ kɛ³³ teŋ²²

静 色 嘅 好 呢？
tseŋ²² sek⁵ kɛ³³ hou³⁵ nɛ⁵⁵

我要买一把折叠伞，你
Wǒ yào mǎi yì bǎ zhédiésǎn, nǐ

说 买 花 的 还是
shuō mǎi huā de háishi

清一色 的 好 呢？
qīngyísè de hǎo ne?

呢 把 紫色 嘅 几 好
nei⁵⁵ pa³⁵ tsi³⁵ sek⁵ kɛ³³ kei³⁵ hou³⁵

睇。
tʻei³⁵

这 把 紫色的 很 好看。
Zhè bǎ zǐsè de hěn hǎokàn.

## 十一 月 二十九 日
sɐp² jɐt⁵ jyt² ji²² sɐp² keu³⁵ jɐt²

### Shíyī yuè èrshíjiǔ rì

唔该 拎 条 牛仔
m̩²¹ kɔi⁵³ leŋ⁵³ tʻiu²¹ ŋɐu²¹ tsɐi³⁵

裤 睇 下。
fu³³ tʻei³⁵ ha²³

请 拿 一 条 牛仔裤 看
Qǐng ná yì tiáo niúzǎikù kàn

一 下儿。
yí xià(r).

短 一啲， 长 翻 一
tyn³⁵ jet⁵ti⁵⁵ tsʻœŋ²¹ fan⁵³ jet⁵

寸 就 喏着 啦。
tsʻyn³³ tseu²² ŋam⁵⁵tsœk³ la³³

短了 一点儿， 再 长 一
Duǎnle yìdiǎn(r), zài cháng yí

寸 就 合穿 了。
cùn jiù héchuān le.

呢件 吟衫 要
nei⁵⁵kin²² laŋ⁵⁵sam⁵⁵ jiu³³

一百八十 文 一
jet⁵pak⁵pat³sep² men²¹⁻⁵⁵ jet⁵

件， 飞起嚟 咬 咩?
kim³³,fei⁵³hei³⁵tei²¹ŋau²³mɛ⁵³

这 件 毛衣 要 一百八十
Zhè jiàn máoyī yào yìbǎibāshí

元 一 件，狮子 大 开口
yuán yí jiàn, shīzi dà kāikǒu

吗?
ma?

正嘢 梗系 贵 啲
tsɛŋ⁵³jɛ²³ keŋ³⁵hei²² kwei²² ti⁵⁵

喺啦， 你 想 买， 就
ka³³la⁵⁵ nei²³sœŋ³⁵mai²³tseu²²

平 啲 卖 畀 你 啦。
p'ɛŋ²¹ti⁵⁵ mai²² pei³⁵ nei²³ la⁵⁵

正牌儿货 一定 贵
Zhèngpái(r)huò yídìng guì

一点儿 了，你 想 买， 就
yìdiǎnr le, nǐ xiǎng mǎi, jiù

便宜 一点儿 卖 给 你 吧。
piányi yìdiǎnr mài gěi nǐ ba.

# 生 词 表

1. 夜市 jɛ²²si²³ 夜市 yèshì

2. 商品 sœŋ⁵³pen³⁵ 商品 shāngpǐn

3. 个体户 kɔ³³t'ei³⁵wu²² 个体户 gètǐhù

4. 档口 tɔŋ³³heu³⁵ 摊档 tāndàng

5. 讲价 kɔŋ³⁵ka³³ 讲价钱 jiǎng jiàqian

6. 灯光火着 tɐŋ⁵³kwɔŋ⁵³fɔ³⁵ 灯火辉煌 dēnghuǒ - huīhuáng
   tsœk²

7. 墟冚 hØy⁵³hem²² 热闹 rènao

8. 打工仔 ta³⁵kɔŋ⁵⁵tsei³⁵ 年青男工人 niánqīng nán
   gōngrén

9. 打工妹 ta³⁵kɔŋ⁵⁵mui²²⁻⁵⁵ 年青女工人 niánqīng nǚ
   gōngrén

10. 丝袜 si⁵³met² 丝袜 sīwà

11. 一打 jet⁵ ta⁵⁵（12个为一打； 一打 yìdá
    英文 dozen）

12. 一口价 jet⁵heu³⁵ka³³ 实价 shíjià

13. 三十六文 sam⁵³sɐp²lok² men²¹⁻⁵⁵　　三十六元 sānshíliù yuán

14. 呢对 nei⁵⁵tØy³³　　这双 zhè shuāng

15. 皮鞋 p'ei²¹hai²¹　　皮鞋 píxié

16. 流嘢 lɐu²¹jɛ²³　　冒牌儿货 màopái(r)huò

17. 真皮 tsɐn⁵³p'ei²¹⁻³⁵　　真皮 zhēnpí

18. 坚嘢 kin⁵³jɛ²³　　正牌儿货 zhèngpái(r)huò

19. 手袋 sɐu³⁵tɔi²²⁻³⁵　　女式皮包儿 nǚshì píbāo(r)

20. 四十文 sei³³sɐp²men²¹⁻⁵⁵　　四十元 sìshí yuán

21. 贵 kwei³³　　贵 guì

22. 颈巾 kɛŋ³⁵kɐn⁵⁵　　围巾 wéijīn

23. 缆* lam²²　　围 wéi

24. 领汰 lɛŋ²³t'ai⁵⁵("汰";英文 tie)　　领带 lǐngdài

25. 呤 laŋ⁵⁵(法文 laine)　　毛线 máoxiàn

26. 皮 p'ei²¹　　皮 pí

27. 手袜 sɐu³⁵mɐt²⁻³⁵　　手套儿 shǒutào(r)

28. 尼龙 nei²¹loŋ²¹　　尼龙 nílóng

29. 缩骨遮 sok⁵kwɐt⁵tsɛ⁵⁵　　折叠伞 zhédiésǎn

30. 静色 tsɛŋ²²sek⁵　　清一色 qīngyísè

31. 紫色 tsi³⁵sek⁵　　紫色 zǐsè

32. 牛仔裤 ŋɐu²¹tsɐi³⁵fu³³(英文 jean)　　牛仔裤 niúzǎikù

33. 呤衫 laŋ⁵⁵sam⁵⁵      毛衣 máoyī

34. 一百八十文 jet⁵ pak³ pet³      一百八十元 yìbǎibāshí

         sɐp² mɐn²¹⁻⁵⁵              yuán

35. 飞起嚟咬 fei⁵³hei³⁵lɐi²¹      狮子大开口 shīzi dàkāi

         ŋau²³                  kǒu

36. 梗系 keŋ³⁵hei²²      一定 yídìng

# 十二月　十二月

sæp²ji²²jyt²　Shí'èr yuè

## 上旬　上旬

sœŋ²²tsʻØn²¹　Shàngxún

### 响　邮局　在　邮局

hœŋ³⁵ jeu²¹kok²⁻³⁵　Zài yóujú

| | |
|---|---|
| 十二月一日<br>sæp²ji²²jyt² jet⁵ jet²<br><br>Shí'èr yuè yī rì | 寄一封信去<br>kei³³ jet⁵ foŋ⁵³ sØn³³ hØy³³<br><br>香港要贴几多<br>hœŋ⁵³kɔŋ³⁵ jiu³³ tʻip³ kei³⁵tɔ⁵³<br>钱 邮票呀?<br>tsʻin²¹⁻³⁵ jeu²¹piu³³ a³³<br><br>寄一封信去 香港 要<br>Jì yì fēng xìn qù Xiānggǎng yào<br>贴多少 邮票 啊?<br>tiē duōshao yóupiào a?<br><br>平信 六 毫子,<br>pʻeŋ²¹sØn³³lok²hou²¹tsi³⁵ |

— 236 —

航空信　八　毫子。

hɔŋ²¹hoŋ⁵³sØn³³pet³hou²¹tsi³⁵

平信　六　毛　钱，
Píngxìn liù máo qián,

　航空信　八毛钱。
hángkōngxìn bā máo qián.

## 十二 月 二 日

sɐp²ji²²jyt²ji²² jet²

Shí'èr yuè èr rì

呢啲　　稿件　　寄

nei⁵⁵ti⁵⁵ kou³⁵kin²²⁻³⁵ kei³³

快件，唔该　　称下

fai³³kin²²⁻³⁵ m²¹kɔi⁵³ ts'eŋ³³ha²³

几多　钱?

kei³⁵tɔ⁵⁵ts'in²¹⁻³⁵

这些　稿件寄　快件，请
Zhèxiē gǎojiàn jì kuàijiàn, qǐng

称　一　下儿　多少　钱?
chēng yí xià(r) duōshao qián?

七个　六。

ts'et⁵kɔ³³lok²

七块　六。
Qī kuài liù.

## 十二 月 三 日

sɐp²ji²²jyt²sam⁵³ jet²

Shí'èr yuè sān rì

寄　　专人　　速递

kei³³ tsyn⁵³jen²¹ ts'ok⁵tei²²

信件　去　南京

sØn³³kin²²⁻³⁵ hØy³³ nam²¹keŋ⁵³

要　几多　日　至　到　呀?

jiu³³kei³⁵tɔ⁵⁵jet²tsi³³tou³³a³³

寄　特快　专递　信件　到
Jì tèkuài zhuāndì xìnjiàn dào

南京　去要　多少　天
Nánjīng qu yào duōshao tiān

才 到 呢？
cái dào ne?

四五 日 度。
sɛi³³ ŋ²³ jet² tou²²⁻³⁵

四五 天 左右。
Sìwǔ tiān zuǒyòu.

## 十二 月 四 日
sœp² ji²² jyt² sɛi³³ jet²

Shi'èr yuè sì rì

我 寄 一 封 航空
ŋɔ²³ kei³³ jet⁵ foŋ⁵³ hɔŋ²¹ hoŋ⁵³

挂号信，　　　　唔该
kwa³³ hou²² sØn³³　　m²¹ kɔ⁵³

畀翻 张 收条 我。
pei³⁵ fan⁵³ tsœŋ⁵³ sɛu⁵³ t'iu²¹ ŋɔ²³

我 寄 一 封 航空
Wǒ jì yì fēng hángkōng

挂号信，　请 给 我 一
guàhàoxìn, qǐng gěi wǒ yì

张 收据。
zhāng shōujù.

请 写上 邮政
ts'ɛŋ³⁵ sɛ²³ sœŋ²³ jeu²¹ tseŋ³³

编码 同 你 嘅
p'in⁵³ ma²³ t'oŋ²¹ nei²³ kɛ³³

姓名、 地址。
seŋ³³ meŋ²¹ tei²² tsi³⁵

请 写上 邮政 编码
Qǐng xiěshang yóuzhèng biānmǎ

和 你的 姓名、 地址。
hé nǐ de xìngmíng、dìzhǐ.

## 十二 月 五 日
sɐp² ji²² jyt² ŋ̩²³ jɐt²

Shí'èr yuè wǔ rì

寄 一 封　　 航空信
kei³³ jɐt⁵ foŋ⁵³ hɔŋ²¹hoŋ⁵³sɵn³³

去　 伦敦，　 要 几多
hɵy³³ lɵn²¹tɵn⁵⁵ jiu³³ kei³⁵tɔ⁵⁵

钱？
tsʻin²¹⁻³⁵

寄 一 封　 航空信　 到
Jì　 yì　 fēng hángkōngxìn dào

伦敦 去，要 多少　 钱？
Lúndūn qu, yào duōshao qián?

两个九　 银钱。
lœŋ²³ kɔ³³ keu³⁵ ŋɐn²¹ tsʻin²¹⁻³⁵

两 块九。
Liǎng kuài jiǔ.

## 十二 月 六 日
sɐp² ji²² jyt² lok² jɐt²

Shí'èr yuè liù rì

有 有　 纪念　 邮票
jeu²³ mou²³ kei³³ nim²² jeu²¹ pʻiu³³

呀？我 要 买 一　 套。
a³³ ŋɔ²³ jeu³³ mai²³ jɐt⁵ tʻou³³

有 没 有 纪念 邮票 啊？
Yǒu méi yǒu jìniàn yóupiào a?

我 要 买 一 套。
Wǒ yào mǎi yí tào.

有 两 种， 你 要 边
jeu²³ lœŋ²³ tsoŋ³⁵ nei²³ jiu³³ pin⁵⁵

种？
tsoŋ³⁵

有 两 种， 你 要 哪 一
Yǒu liǎng zhǒng, nǐ yào nǎ yì

种？
zhǒng?

**十二 月 七 日**

sɐp² ji²² jyt² tsʻet⁵ jet²

Shí'èr yuè qī rì

---

寄　　包裹　　有　　乜嘢
kei³³ pau⁵³ kwɔ³⁵ jeu²³ met⁵ jɛ²³

手续?
sɐu³⁵ tsok²

寄 包裹 有 什么 手续?
Jì bāoguǒ yǒu shénme shǒuxù?

请　　打开　　睇下，　　填
tsʻɛŋ³⁵ ta³⁵ hɔi⁵³ tʻei²³ ha²³ tʻin²¹

张　　包裹单　　啦。
tsœŋ⁵³ pau⁵³ kwɔ³⁵ tan⁵⁵ la⁵⁵

请 打开 看一下儿，填一
Qǐng dǎkāi kàn yí xià(r)，tián yì

张 包裹单 吧。
zhāng bāoguǒdān ba.

---

**十二 月 八 日**

sɐp² ji²² jyt² pat³ jet²

Shí'èr yuè bā rì

---

唔该　　畀　　两　　张
m²¹ kɔi⁵³ pei³⁵ lœŋ²³ tsœŋ⁵³

汇款单　　我。
wui²² hun³⁵ tan⁵⁵ ŋɔ²³

请 给 我 两 张
Qǐng gěi wǒ liǎng zhāng

汇款单。
huìkuǎndān.

上　　二　　楼　　买　　啦，攞
sœŋ²³ ji²² lou²¹⁻³⁵ mai⁵³ la⁵⁵ lɔ³⁵

钱、寄　　钱　　都　　口係
tsʻin²¹⁻³⁵ kei³³ tsʻin²¹⁻³⁵ tou⁵⁵ hei³⁵

楼上。
lou²¹ sœŋ²²

上 二 楼 买 吧，取 钱、
Shàng èr lóu mǎi ba，qǔ qián、

寄　钱　都　在　楼上。
jì qián dōu zài lóushàng.

　汇款单　　填好　　嘞,
wui²²fun³⁵tan⁵⁵　t'in²¹hou³⁵　lak³
要　交　几多　　钱
jiu³³　kau⁵³　kei³⁵tɔ⁵⁵　ts'in²¹⁻³⁵
　汇费　呀?
wui²²fei³³a³³

　汇款单　　填好　了,要　交
Huìkuǎndān tiánhǎo le, yào jiāo
多少　钱汇费啊?
duōshao qián huìfèi a?
你　寄　三百　　文,要
nei²³ kei³³ sam⁵³pak³ men⁵⁵ jiu³³

交　三　文。
kau⁵³ sam⁵⁵ men²¹⁻⁵⁵

你寄　三百　元,要交　三
Nǐ jì sānbǎi yuán, yào jiāo sān
块　钱。
kuài qián.

　请　　问,　　拜年咕、
ts'εŋ⁵³　men²²　pai³³nin²¹k'et⁵
　圣诞咕　　点 寄法?
seŋ³³tan³³k'et⁵tin³⁵kei³³fat³

　请　问,贺年卡、圣诞卡
Qǐng wèn, hèniánkǎ、shèngdànkǎ
怎么 寄?
zěnme jì?
　国内　　同　　寄
kwɔk³nɔi²²　t'oŋ²¹　kei³³

普通信　　　　一样，
p'ou³⁵t'oŋ⁵⁵sØn³³　　　jet⁵jœŋ²²

寄　　去　　外国，　　唔
kei³³　　hØy³³　　ŋɔi²²kwɔk³　　m̩²¹

封口　　平　一　啲。
foŋ⁵³heu³⁵p'ɛŋ²¹jet⁵ti⁵⁵


国内 和 寄 普通信　一样，
Guónèi hé jì pūtōngxìn yíyàng,

寄　　到　　外国　　去，　不
jì　dào　wàiguó　qu,　bù

封口儿　便宜　一点儿。
fēngkǒu(r)piányi yìdiǎn(r).


# 生　词　表

1. 十二月 sæp²ji²²jyt²　　　　十二月 shí'èr yuè

2. 邮局 jɐu²¹kok²⁻³⁵　　　　邮局 yóujú

3. 封 foŋ⁵³（量词）　　　　封 fēng

4. 信 sØn³³　　　　信 xìn

5. 邮票 jɐu²¹p'iu³³　　　　邮票 yóupiào

6. 平信 p'eŋ²¹sØn³³　　　　平信 píngxìn

7. 航空信 hɔŋ²¹hoŋ⁵³sØn³³　　　　航空信 hángkōngxìn

8. 六毫子 lok²hou²¹tsi³⁵　　　　六毛钱 liù máo qián

9. 稿件 kou³⁵kin²²⁻³⁵　　　　稿件 gǎojiàn

10. 寄 kei³³　　　　寄 jì

11. 快件 fai³⁵kin²²⁻³⁵　　　　快件 kuàijiàn

12. 七个六 ts'et⁵kɔ³³lok²               七块六 qī kuài liù

13. 专人速递信件 tsyn⁵³jɐn²¹        特快专递信件
    ts'ok⁵tɐi²²sØn³³kin²²⁻³⁵       tèkuài zhuāndì xìnjiàn

14. 南京 nam²¹kɐŋ⁵³               南京 Nánjīng（专名）

15. 度 tou²²⁻³⁵                       左右 zuǒyòu

16. 挂号信 kwa³³hou²²sØn³³       挂号信 guàhàoxìn

17. 收条 sɐu⁵³t'iu²¹              收据 shōujù

18. 邮政编码 jɐu²¹tsɐŋ³³p'in⁵³ma²³   邮政编码 yóuzhèng biānmǎ

19. 伦敦 lØn²¹tØn⁵⁵               伦敦 Lúndūn

20. 两个九银钱 lœŋ²³kɔ³³kɐu³⁵ŋɐn²¹   两块九 liǎng kuài jiǔ
                ts'in²¹⁻³⁵

21. 纪念邮票 kei³³nim²²jɐu²¹p'iu³³   纪念邮票 jìniàn yóupiào

22. 包裹   pau⁵³kwɔ³⁵            包裹 bāoguǒ

23. 包裹单 pau⁵³kwɔ³⁵tan⁵⁵        包裹单 bāoguǒdān

24. 汇款单 wui²²hun³⁵tan⁵⁵         汇款单 huìkuǎndān

25. 楼上 lou²¹sœŋ²²               楼上 lóushàng

26. 汇费 wui²²fɐi³³                汇费 huìfèi

27. 三百文 sam⁵³pak³mɐn²¹⁻⁵⁵       三百元 sānbǎi yuán

28. 拜年咭 pai³³nin²¹k'et⁵        贺年卡 hèniánkǎ

29. 圣诞咭 sɐŋ³³tan³³k'et⁵        圣诞卡 shèngdànkǎ

30. 普通信 p'ou³⁵t'oŋ⁵⁵sØn³³     普通信 pǔtōngxìn

31. 封口 foŋ⁵³hɐu³⁵               封口儿 fēngkǒu(r)

中旬　　　　中旬

tsoŋ⁵³ts'∅n²¹　Zhōngxún


告别　　同　　送行

kou³³pit²t'oŋ²¹soŋ³³heŋ²¹


## 告别　和　送行
## Gàobié hé sòngxíng


| | |
|---|---|
| **十二　月　十一　日** | 你　　几时　翻（返）　厦门 |
| sep²ji²²jyt²sep²jet⁵jet⁵ | nei²³ kei³⁵si²¹ fan⁵³ ha²²mun²¹ |
| | 呀？ |
| | a³³? |
| **Shí'èr yuè shíyī rì** | 你　什么　时候　回　厦门 |
| | Nǐ shénme shíhou huí Xiàmén |
| | 啊？ |
| | a? |
| | 　听日　　就　　扯　嘞。 |
| | t'eŋ⁵³jet²tseu²²ts'ε³⁵lak³ |
| | |
| | 　明天　就　走了。 |
| | Míngtiān jiù zǒu le. |
| **十二　月　十二　日** | 搭　几　　点钟　　嘅 |
| sep²ji²²jyt²sep²ji²²jet² | tap³ kei³⁵ tim³⁵tsoŋ⁵³ kε³³ |
| | 火车　呢？ |
| | fɔ³⁵ts'ε⁵⁵nε⁵⁵ |
| **Shí'èr yuè shí'èr rì** | 坐　几　点钟　的　火车　啊？ |
| | Zuò jǐ diǎnzhōng de huǒchē a? |

夜晚　　七　点　八　个
jɛ²² man²³ tsʻet⁵ tim³⁵ pat³ kɔ³³

字　开车。
tsi²² hɔi⁵³ tsʻɛ⁵⁵

晚上　　七　点　四十　分
Wǎnshang qī diǎn sìshí fēn

开车
kāi chē.

## 十二月十三日
sɐp² ji² jyt² sɐp² sam⁵³ jɐt²

Shí'èr yuè shísān rì

我　听晚　嚟　送　你
ŋɔ²³ tʻeŋ⁵³ man²³ ɫei²¹ soŋ³³ nei²³

上　火车　啦。
sœŋ²³ fɔ³⁵ tsʻɛ⁵⁵ la⁵⁵

我　明天　晚上　来送
Wǒ míngtiān wǎnshang lái sòng

你　上　火车　吧。
nǐ shàng huǒchē ba.

你　咁　忙，　唔使　嚟
nei²³ kɐm³³ mɔŋ²¹ m²¹ sei³⁵ ɫei²¹

嘞。
lak³

你那么　忙，　不用　来了。
Nǐ nàme máng, búyòng lái le.

翻到　　屋企　　以后，
fan⁵³ tou³³ ok⁵ kʻei²³⁻³⁵ ji²³ hou²²

写　封　信　嚟啦
sɛ³⁵ foŋ⁵³ sɵn³³ ɫei²¹ la⁵⁵

回到　家　以后，写一　封　信
Huídào jiā yǐhòu, xiě yì fēng xìn

来吧。
lái ba.

## 十二月十四日
sɐp² ji²² jyt² sɐp² sei³³ jɐt²

Shí'èr yuè shísì rì

实　会　写，以后　多　啲
set² wui²³ sɛ³⁵ ji²³heu²² tɔ⁵⁵ ti⁵⁵

联系　啦。
lyn²¹hei²²la⁵⁵

一定　会　写，以后　多　加
Yìdìng huì xiě, yǐhòu duō jiā
联系 吧。
liánxì ba.

## 十二　月　十五　日
sɐp²ji²²jyt²sɐp²ŋ²³jet²

Shí'èr yuè shíwǔ rì

呢　次　嚟　广州
nei⁵⁵ tsʻi³³ lei²¹ kwɔŋ³⁵tsɐu⁵³

滚搅　晒　你哋　嘞。
kwen³⁵kau³⁵sai³³nei²³tei²²lak³

这　次　来　广州　太
Zhè cì lái Guǎngzhōu tài
打搅　你们　了。
dǎojiǎo nǐmen le.

老　朋友，　咪　咁
lou²³ pʻɐŋ²¹jeu²³ mei²³ kɐm³³

客气　嘞。
hek³hei³³lak³

老　朋友，别那么 客气了。
Lǎo péngyou, bié nàme kèqi le.

## 十二　月　十六　日
sɐp²ji²²jyt²sɐp²lok²jet²

以后　有　机会　再　嚟
ji²³heu²²jeu²³kei⁵³ wui²²tsɔi³³ lei²¹

广州　玩　啦。
kwɔŋ³⁵tsɐu⁵³wan³⁵la⁵⁵

Shí'èr yuè shíliù rì

以后　有　机会　再　来
Yǐhòu yǒu jīhuì zài lái

广州　　玩儿　吧。
Guǎngzhōu wán(r) ba.

有　机会　　一定　再
jeu²³ kei⁵³wui²² jet⁵teŋ²² tsɔi³³

嚟　探　你哋。
lei²¹t'am³³nei²³tei²²

有 机会 一定 再来 探望
Yǒu jīhuì yídìng zài lái tànwàng

你们。
nǐmen.

咁　多　行李，　我　帮
kem³³ tɔ⁵³ heŋ²¹lei²³ ŋɔ²³ pɔŋ⁵³

你 拎 个　行李袋　啦。
nei²³leŋ⁵³kɔ³³heŋ²¹lei²³tɔi³³la⁵⁵

那么 多行李，我替你拿一
Nàme duō xíngli, wǒ tì nǐ ná yí

个 包儿 吧。
ge bāo(r) ba.

行　快　啲　至　得，　怕
haŋ²¹ fai³³ ti⁵⁵ tsi³³ tek⁵ p'a³³

赶唔切　　上车。
kɔn³⁵m²¹ts'it³sœŋ²³ts'ɛ⁵⁵

走 快 点儿 才 行，恐怕
Zǒu kuài diǎn(r) cái xíng, kǒngpà

来不及 上车 了。
lái bu jí shàngchē le.

重　有　一个骨*　至
tsoŋ²²jeu²³jet⁵kɔ³³kwet⁵tsi³³

Shí'èr yuè shíbā rì

准　　　入站，　　　去
tsøn³⁵　　jep²tsam²²　　høy³³

候车室　　坐　一阵
heu²²ts'ɛ⁵⁵set⁵ts'ɔ²³jet⁵tsen²²

先　啦。
sin⁵⁵la⁵⁵

还有十五　分钟　才　准
Hái yǒu shíwǔ fēnzhōng cái zhǔn

进　站，先　到　候车室　去
jìn zhàn, xiān dào hòuchēshì qù

坐　一会儿　吧。
zuò yíhuì(r) ba.

十二月 十九 日
søp²ji²jyt²søp²keu³⁵jet²

路上　　　　　小心、
lou²²søŋ²²　　　siu³⁵sem⁵³

Shí'èr yuè shíjiǔ rì

保重，　　　祝　　你
pou³⁵tsoŋ²²　　tsok⁵　　nei²³

一路平安!
jet⁵lou²²p'eŋ²¹ɔn⁵³

路上　　小心、　保重，　祝
Lùshang xiǎoxīn, bǎozhòng, zhù

你 一路　平安!
nǐ　yílù-píng'ān!

祝　你　　旅途　　快乐、
tsok⁵nei²³løy²³t'ou²¹fai³³lɔk²

一路顺风!
jet⁵lou²²søn²²foŋ⁵³

祝　你　　旅途　　愉快,
Zhù　nǐ　lǚtú　yúkuài,

一路顺风!
yílù-shùnfēng!

— 248 —

# 十二月 二十 日
sɛp²ji²² jyt²ji²² sɛp²je t²

Shí'èr  yuè  èrshí  rì

---

快　　够钟　　开 车 嘞，
fai³³ keu³³ tsoŋ⁵⁵ hɔi⁵³ tsʻɛ⁵⁵ lak³

你 哋 翻（返） 去 啦。
nei²³ tei²² fan⁵³ hØy³³ la⁵⁵

快 到 开 车 时间 了，
Kuài dào kāi chē shíjiān le,

你们 回去 吧。
nǐmén huíqu ba.

我 哋　 走 嘞，再见！
ŋɔ²³ tei²² tsɐu³⁵ lak³ tsɔi³³ kin³³

我们 走 了，再见！
Wǒmen zǒu le, zàijiàn!

## 生 词 表

| | |
|---|---|
| 1. 告别 kou³³pit² | 告别 gàobié |
| 2. 送行 soŋ³³he ŋ²¹ | 送行 sòngxíng |
| 3. 厦门 ha²²mun²¹ | 厦门 Xiàmén（专名） |
| 4. 七点八个字 tsʻɛt⁵tim³⁵pat³kɔ³³tsi²² | 七点四十分 qī diǎn sìshí fēn |
| 5. 写信 sɛ³⁵sØn³³ | 写信 xiě xìn |
| 6. 机会 kei⁵³wui²² | 机会 jīhuì |
| 7. 行李袋 he ŋ²¹lei²³tɔi²² | 包儿 bāo(r) |
| 8. 怕 pʻa³³ | 恐怕 kǒngpà |
| 9. 赶唔切 kɔn³⁵m²¹tsʻit³ | 来不及 lái bu jí |
| 10. 一个骨 *je t⁵kɔ³³kwe t⁵ | 十五分钟 shíwǔ fēnzhōng |
| 11. 准 tsØn³⁵ | 准 zhǔn |

— 249 —

12. 候车室 heu²²ts'ε⁵⁵se t⁵ 　　　　候车室 hòuchēshì

13. 路上 lou²²sœŋ²² 　　　　　　　路上 lùshang

14. 小心 siu³⁵se m⁵³ 　　　　　　小心 xiǎoxīn

15. 保重 pou³⁵tsoŋ²² 　　　　　　保重 bǎozhòng

16. 一路平安 jet⁵lou²²p'eŋ²¹ɔn⁵³ 　　一路平安 yílù-píng'ān

17. 旅途快乐 lØy²³t'ou²¹fai³³lɔk² 　旅途愉快 lǚtú yúkuài

18. 一路顺风 jet⁵lou²²sØn²²foŋ⁵³ 　一路顺风 yílù-shùnfēng

19. 够钟 keu³³tsoŋ⁵⁵ 　　　　　　到时间 dào shíjiān

下旬　　　　　下旬
ha²²ts'Øn²¹　Xiàxún

响　　宴会上　　在　宴会上
hœŋ³⁵　jin³³wui²²⁻³⁵sœŋ²²　Zài yànhuì shang

十二 月 二十一 日
sep²ji²jyt²ji²²sep²jet⁵jet²

Shí'èr yuè èrshíyī rì

请　各位　埋　位
ts'εŋ³⁵kɔk³wei²²⁻³⁵mai²¹wei²²⁻³⁵

坐 啦!
ts'ɔ²³la⁵⁵

请 各位 入席 坐 吧!
Qǐng gèwèi rùxí zuò ba!

今晚　庆祝　公司
kem⁵³man²³heŋ³³tsok⁵koŋ⁵⁵si⁵⁵

开张，　　　各位　　　咁
hɔi⁵³tsœŋ⁵³　　kɔk³wei³⁵　kem³³

畀面　　　　　光临，
pei³⁵min²²⁻³⁵　　kwɔŋ⁵³lem²¹

多谢　晒。
tɔ⁵³tsɛ²²sai³³

今晚　庆祝　公司　开业，
Jīnwǎn qìngzhù gōngsī kāiyè,
各位　那么　赏　脸
gèwèi nàme shǎng liǎn
光临，　非常　感谢。
guānglín, fēicháng gǎnxiè.

邓经理　　咁　破费，
teŋ²²keŋ⁵³lei²³ kem³³ p'ɔ³³fei³³

点　好　意思　呀？
tim³⁵hou³⁵ji³³si⁵³⁻³³ a³³

邓经理　那么　花费，怎么
Dèng jīnglǐ nàme huāfèi, zěnme
好意思　呢？
hǎoyìsi ne?

公司　　能　办　起嚟，
koŋ⁵⁵si⁵⁵ neŋ²¹ pan²² hei³⁵lei²¹

全靠　　大家　大力
ts'yn²¹k'au³³ tai²²ka⁵⁵ tai²²lek²

支持，　多谢　你哋。
tsi⁵³ts'i²¹tɔ⁵³tsɛ²²nei²³tei²²

公司　能　办　起来，全
Gōngsī néng bàn qǐlai, quán

靠 大家 大力 支持， 谢谢
kào dàjiā dàlì zhīchí, xièxie
你们。
nǐmen.

## 十二 月 二十三 日
sɐp²ji²² jyt²ji²² sɐp²sam⁵³ jet²

Shí'èr yuè èrshísān rì

呢啲 系 广州 嘅
nei⁵⁵ti⁵⁵ hei²² kwɔŋ⁵³tseu⁵³ kɛ³³
名牌菜， 大家 起
meŋ²¹p'ai²¹ts'ɔi³³ tai²²ka⁵⁵ hei³⁵
筷 试下 啦。
fai³³si³³ha²³la⁵⁵

这些 是 广州 的
Zhèxiē shì Guǎngzhōu de
名牌儿菜， 大家 下 箸
míngpái(r)cài, dàjiā xià zhù
尝 一下儿 吧。
cháng yí xià(r) ba.

## 十二 月 二十四 日
sɐp²ji²² jyt²ji²² sɐp²sei³³ jet²

Shí'èr yuè èrshísì rì

边位 饮 酒 呀？
pin⁵⁵wei²²⁻³⁵ jem³⁵ tsɐu³⁵ a³³
饮 茅台酒 定
jem³⁵ mau²¹t'ɔi²¹tseu³⁵ teŋ²²
拔兰地？
pet²lan²¹⁻⁵⁵tei²²⁻³⁵

哪位 喝酒 啊？喝 茅台酒
Nǎwèi hē jiǔ a? Hē máotáijiǔ
还是 白兰地？
háishi báilándì?

是但 啦， 呢啲 酒 好
si²²tan²² la⁵⁵ nei⁵⁵ti⁵⁵ tseu³⁵ hou³⁵
揳 喺，饮 少少 得
k'eŋ³³ ka³³ jem³⁵ siu³⁵siu³⁵ tek⁵
嘞。
lak³

随便 吧，这些 酒 很 厉害
Suíbiàn ba, zhèxiē jiǔ hěn lìhai

的， 少 喝 一点儿 就 行
de, shǎo hē yìdiǎn(r) jiù xíng

了。
le.

十二 月 二十五 日
sɐp²ji²²jyt²ji²²sɐp²ŋ²³jet²

Shí'èr yuè èrshíwǔ rì

祝 公司 生意 兴隆，
tsok⁵koŋ⁵⁵si⁵⁵seŋ⁵³ji²²heŋ⁵³loŋ²¹

财源 广进！
ts'ɔi²¹jyn²¹kwɔŋ³⁵tsø∅n³³

祝 公司 生意 兴隆，
Zhù gōngsī shēngyi xīnglóng,

财源 广进！
cáiyuán guǎngjìn!

祝 大家 龙马
tsok⁵ tai²²ka⁵⁵ loŋ²¹ma²³

精神、 得心应手！
tseŋ⁵³sen²¹tek⁵sem⁵³jeŋ³³seu³⁵

祝 大家 精神 饱满、
Zhù dàjiā jīngshén bǎomǎn,

一切 顺心！
yíqiè shùnxīn!

---

圣诞节
seŋ³³tan³³tsit³

圣诞节
Shèngdàn Jié

圣诞快乐
seŋ³³tan³³fai³³lɔk²

圣诞快乐
Shèngdàn kuàilè

---

十二 月 二十六 日
sɐp²ji²²jyt²ji²²sɐp²lok²jet²

Shí'èr yuè èrshíliù rì

圣诞节 你哋 响
seŋ³³tan³³tsit³ nei²³tei²² hœŋ³⁵

香港 翻嚟， 大家
hœŋ⁵³kɔŋ³⁵ fan⁵³tei²¹ tai²²ka⁵⁵

有 几何 见面，
mou²³kei³⁵hɔ²¹⁻³⁵kin³³min²²

请　你哋　嚟　呢　间
ts'ɛŋ³⁵ nei²³ tei²² lei²¹ nei⁵⁵ kan⁵³

酒家　　食　　餐
tsœu³⁵ ka⁵⁵　sɐk² ts'an⁻⁵³

晚饭。
man²³ fan²²

圣诞节　　你们　　从
Shèngdàn Jié　nǐmen　cóng
香港　回来，大家　难得
Xiānggǎng huílai, dàjiā nándé
见面，　请　你们　到　这家
jiànmiàn, qǐng nǐmen dào zhè jiā
酒家　吃　顿　晚饭
jiǔjiā chī dùn wǎnfàn.

呢啲　系　正宗　嘅
nei⁵⁵ ti⁵⁵ hei²² tseŋ³³ tsoŋ⁵³ kɛ³³

四川菜，　　有啲　辣。
sei³³ ts'yn⁵³ ts'ɔi³³ jɐu²³ ti⁵⁵ lat²

这些　是　地道　的
Zhèxiē　shì　dìdao　de
四川菜，有　点儿　辣。
Sìchuāncài, yǒudiǎn(r) là.

天时冷　　食　　辣嘢
t'in⁵³ si²¹ laŋ²³　sɐk²　lat² jɛ²³

几好。
kei³⁵ hou³⁵

冬天　吃辣　东西　不错。
Dōngtiān chī là dōngxi búcuò.

十二 月 二十七 日
sɐp² ji²² jyt² ji²² sɐp² ts'ɐt⁵ jet²

Shí'èr yuè èrshíqī rì

**十二 月 二十八 日**

sep²ji²²  jyt²ji²²  sep²pat³ jet²

Shí'èr  yuè  èrshíbā  rì

饮　　香槟酒　　　定

jem³⁵hœŋ⁵³pen⁵³tseu³⁵teŋ²²

葡萄酒　　呢？

p'ou²¹t'ou²¹tseu²²nɛ⁵⁵

喝　香槟酒　还是 葡萄酒 呢？
Hē xiāngbīnjiǔ háishi pútaojiǔ ne?

我　唔会　饮　　酒　㗎

ŋɔ²³ m̩²¹ wui²³ jem³⁵ tseu³⁵ ka³³

饮　　汽水　　好　嘞。

jem³⁵hei³³sØy³⁵hou³⁵lak³

我 不会 喝酒的,喝 汽水儿
Wǒ bú huì hē jiǔ de, hē qìshuǐ(r)
好 了。
hǎo le.

**十二 月 二十九 日**

sep²ji²²  jyt²ji²²  sep²keu³⁵ jet²

Shí'èr  yuè  èrshíjiǔ  rì

祝　你　事业　　成功,

tsok⁵ nei²³ si²²jip² seŋ²¹koŋ⁵³

一帆风顺！

jet⁵fan²¹foŋ⁵³sØn²²

祝　你　事业　　成功,
Zhù  nǐ  shìyè  chénggōng,

一帆风顺！
yìfān-fēngshùn!

祝　　　你哋　　　家庭

tsok⁵ nei²³tei²² ka⁵³t'eŋ²¹

幸福,　　东成西就！

heŋ²²fok⁵toŋ⁵³seŋ²¹sei⁵³tseu²²

— 255 —

十二　月　三十　日
sep²ji²² jyt² sam⁵³ sep² jet²

Shí'èr　yuè　sānshí　rì

后日　　就系　　元旦
heu²² jet² tseu²² hei²² jyn²¹ tan³³

嘞，祝　大家　一年　好
lak³ tsok⁵ tai²² ka⁵⁵ jet⁵ nin²¹ hou³⁵

过　一年！
kwɔ³³ jet⁵ nin²¹

后天　就是　元旦　了，祝
Hòutiān jiù shì Yuándàn le，zhù
大家　一年　比　一年　好！
dàjiā yì nián bǐ yì nián hǎo!

十二　月　三十一　日
sep²ji²² jyt² sam⁵³ sep² jet⁵ jet²

Shí'èr　yuè　sānshíyī　rì

今晚　系　除夕，
kem⁵³ man²³ hei²² ts'∅y²¹ tsek²

大家　　欢聚一堂，
tai²² ka⁵⁵ fun⁵³ ts∅y²² jet⁵ t'ɔŋ²¹

祝　大家　响　新　嘅
tsok⁵ tai²² ka⁵⁵ hœŋ³⁵ sen⁵³ kɛ³³

一　年　　万事胜意，
jet⁵ nin²¹ man²² si²² seŋ³³ ji³³

饮胜！
jem³⁵ seŋ³³

今晚　是　除夕，　大家
Jīnwǎn shì chúxī， dàjiā

— 256 —

欢聚一堂，祝大家在新
huānjù-yìtáng, zhù dàjiā zài xīn
的 一 年 里 万事如意，
de yì nián lǐ wànshì-rúyì,
干杯！
gānbēi!

## 生 词 表

1. 宴会 jin³³wui²²⁻³⁵          宴会 yànhuì

2. 埋位 mai²¹wei²²⁻³⁵          入席 rùxí

3. 开张 hɔi⁵³tsœŋ⁵³          开业 kāiyè

4. 光临 kwɔŋ⁵³lɐm²¹          光临 guānglín

5. 畀面 pei³⁵min²²⁻³⁵          赏脸 shǎngliǎn

6. 全靠 tsʻyn²¹kʻau³³          全靠 quán kào

7. 大力 tai²²lek²          大力 dàlì

8. 支持 tsi⁵³tsʻi²¹          支持 zhīchí

9. 名牌菜 meŋ²¹pʻai²¹tsʻɔi³³          名牌儿菜 míngpái(r)cài

10. 起筷 hei³⁵fai³³          下箸 xiàzhù

11. 茅台酒 mau²¹tʻɔi²¹tsɐu³⁵          茅台酒 máotáijiǔ

12. 拔兰地 pɐtʻlan²¹⁻⁵⁵tei²²⁻³⁵          白兰地 báilándì

13. 是但 si²²tan²²          随便 suíbiàn

14. 揩＊kʻɐ³³          厉害 lìhai

15. 少少 siu³⁵siu³⁵          少一点儿 shǎo yìdiǎn(r)

16. 财源广进 tsʻɔi²¹jyn²¹kwɔŋ³⁵tsØn³³          财源广进 cáiyuán-guǎngjìn

— 257 —

17. 龙马精神 loŋ²¹ma²³tseŋ⁵³sen²¹ 　　精神饱满 jīngshén bǎomǎn

18. 得心应手 tek⁵sem⁵³jeŋ³³seu³⁵ 　　一切顺心 yíqiè shùnxīn

19. 圣诞节 seŋ³³tan³³tsit³ 　　　　圣诞节 Shèngdàn Jié

20. 冇几何 mou²³kei³⁵hɔ²¹⁻³⁵ 　　　　很少有机会
　　　　　　　　　　　　　　　　hěn shǎo yǒu jīhuì

21. 餐 tsʻan⁵³（量词） 　　　　　　顿 dùn

22. 四川菜 sei³³tsʻyn⁵³tsʻɔi³³ 　　　四川菜 Sìchuāncài

23. 正宗 tseŋ³³tsoŋ⁵³ 　　　　　　地道 dìdao

24. 天时冷 tʻin⁵³si²¹laŋ²³ 　　　　　冬天 dōngtiān

25. 辣 lat² 　　　　　　　　　　　辣 là

26. 香槟酒 hœŋ⁵³pen⁵³tseu³⁵ 　　　香槟酒 xiāngbīnjiǔ

27. 葡萄酒 pʻou²¹tʻou²¹tseu³⁵ 　　　葡萄酒 pútaojiǔ

28. 汽水 hei³³sØy³⁵ 　　　　　　　汽水儿 qìshuǐ(r)

29. 事业成功 si²²jip²seŋ²¹koŋ⁵³ 　　事业成功 shìyè chénggōng

30. 一帆风顺 jet⁵fan²¹foŋ⁵³sØn²² 　　一帆风顺 yìfān-fēngshùn

31. 家庭幸福 ka⁵³tʻeŋ²¹heŋ²²fok⁵ 　　家庭幸福 jiātíng xìngfú

32. 东成西就 toŋ⁵³seŋ²¹sei⁵³tseu²² 　一切顺利 yíqiè shùnlì

33. 元旦 jyn²¹tan³³ 　　　　　　　元旦 Yuándàn(专名)

34. 除夕 tsʻØy²¹tsek² 　　　　　　除夕 chúxī

35. 欢聚一堂 fun⁵³tsØy²²jet⁵tʻɔŋ²¹ 　欢聚一堂 huānjù-yìtáng

36. 万事胜意 man²²si²²seŋ³³ji³³ 　　万事如意 wànshì-rúyì

37. 饮胜 jem³⁵seŋ³³ 　　　　　　　干杯 gānbēi

# 附 录

# 广州小知识

## 一、广州话通行的地区

广州是广东省的省会,广州市内通用广州话。广州话是粤方言的主要方言,本地人又称粤语。粤语流行的地区很广,广东珠江三角洲、粤中及粤西南地区都说粤语。在广西,说粤语的地区占全广西的1/3,主要在广西东南部。

广州话对广东地区有很大的影响,如汕头市原流通闽南方言,现有90%以上的人会说广州话,深圳原以客家话为主,现大多数人会说广州话。

香港、澳门地区约600万人口通行说粤语,东南亚、南北美洲华侨几乎90%以上祖籍是粤方言区的。据初步统计,世界上说粤语的人口约有四千多万。

## 二、广州市的别名和市花

广州市别名羊城、穗城或花城。传说周朝时有五位神仙,骑着五只羊,每只羊的口中都衔着谷穗,他们从天而降,为广州人民带来了五谷良种,并祝愿他们五谷丰登。五位仙人留下的仙羊在广州化成了石头。因此广州有"羊城"、"穗城"之称。广州越秀公园内有五羊雕塑,成为羊城的标志。

广州鲜花很多。因长年不下雪,冬天也有鲜花盛开,每年春节前都举办花市,因此又有"花城"之称。

广州以木棉花为市花。木棉树茁壮挺拔,木棉花鲜红夺目,木棉树有英雄树的美称,用木棉为市花象征着广州人民是英雄的人民。

## 三、广州市的地理环境和气候

广州市是祖国的南大门,地理环境十分优越。市区位于珠江三角洲北部,南面与深圳、珠海两个经济特区相邻接,跟香港和澳门毗邻。广州公路、铁路交通四通八达,是京广、广深、广三铁路的交汇点。广州白云机场是我国三大国际机场之一。黄埔港是华南最大的海港,可停泊万吨级轮船。

广州属亚热带气候,冬季温暖,不下雪,不结冰。因此广州话里有把"冰"称为"雪"的,如:雪柜(冰箱)、雪藏(冰镇)、雪糕(冰淇淋)、雪屐(有四个轮的溜冰鞋)等。广州夏天、春天雨量充沛,四季花开,是一个常绿的美丽花城。

## 四、广州的市政建设和经济概况

广州市划分为八个区:东山区、海珠区、越秀区、荔湾区、天河区、芳村区、白云区、黄埔区。全市总面积16657平方公里,市中心区面积约92平方公里,全市人口约600多万,市区人口约300多万人。

黄埔经济开发特区已成为技术密集型的经济区,吸引了不少外商投资办工厂企业,打开了对外贸易的市场,走在引进和学习外国先进科技队伍的前列。

天河地区兴建了天河体育中心,全国第六届运动会就是在天河体育中心召开的。天河区已成为广州市体育文化技术中心区。

广州工业以轻工业为主,许多名牌产品如电冰箱、洗衣机、台式风扇等,不但在国内畅销,而且已打入国际市场。

广州是我国对外贸易的重要窗口。每年春季和秋季,中国出口商品交易会(广交会)都在广州举行,外商、海外华侨、港澳同胞参加者如云。

广州城市建设蓬勃发展,高楼大厦林立,广东国际大厦高达63层,在国内罕见。

高级宾馆、酒店有:白天鹅宾馆、东方宾馆、中国大酒店、花园酒店等。

## 五、广州的主要大公司、大中型企业简介

南方大厦百货商店设有较大规模的地下商场,并在市内设有分公司。

华厦公司是有六层楼高的新型商场,并设有咖啡厅、儿童乐园、高级皮鞋屋等。商品、饮食、文化、娱乐设施俱全。

新大新公司位于中山五路繁荣地区,高九层,有自动化电梯直上八楼,商品品种多样化,并设有咖啡厅,是全市最大的公司之一。

广州百货大厦位于北京路闹市区,也是一间集百货之大成的大公司。它所开办的购物分期付款业务受到广大顾客的欢迎。

广州友谊商店是专为外宾、华侨、港澳同胞提供商品的综合性商店,有各种进出口商品,国际商场的商品可用人民币结算购买。

广州的大中型企业有:广州钢铁厂、广州万宝电器集团公司、广州通信设备厂等。中外合资企业有广州广船国际股份有限公司、广州标致汽车公司和广州黄埔经济开发区的美特容器有限公司等。

## 六、主要的大学

综合性的主要大学有:中山大学、暨南大学(主要招生对象是海外华侨子弟和港澳同胞子弟)。专科性的主要大学有:中山医科大学、华南理工大学、华南农业大学、广州外国语学院。师范院校有华南师范大学等。广州市石牌有数间高等院

校,如暨南大学、华南理工大学等,成为科技文化中心区。

## 七、主要名胜古迹和园林风景

五仙观　　位于广州惠福西路。是根据羊城、穗城的传说,在传说五位仙人落脚的地方修建的。五仙观始建于北宋年间,后来地址有变迁,明代在惠福路重建。

南越王墓　　是西汉南越国第二代国王赵眜的陵墓,出土于1983年秋(位于中国大酒店附近),出土了一千多件陪葬器物,南越王的金印"文帝行玺",是目前我国出土的最大金印。

光孝寺　　是西汉时南越王赵建德的王府。三国时期吴国学者虞翻贬谪岭南,曾把此地作为讲学的场所。虞去世后,他的家人把此地献给佛门。东晋时(公元397年)建成佛殿,称为"王园寺"。南宋高宗改寺名为"报恩广孝禅寺",14年后改"广"字为"光"。光孝寺内留存有各朝代的建筑,并有历代书法碑刻的碑廊。

六榕寺　　位于中山六路北面的六榕路,是一座有花塔的古老佛寺。公元1100年苏东坡来广州曾在此歇息,见寺中有六棵苍劲繁茂的榕树,写下了"六榕"二字,因此命名为六榕寺。六榕寺的花塔是一座具有古代建筑风格的楼阁式古塔,高57米多,是广州现存的最高的古代建筑物。

镇海楼　　在越秀公园内,建于明朝公元1380年,有600多年的历史。它是镇守广州的明朝将领朱亮祖建造的,又称望海楼和五层楼。镇海楼高28米,登楼远望,羊城美景可一览无遗。

黄花岗七十二烈士陵园　　是纪念孙中山先生领导的同盟会在"三·二九"(1911年4月27日,农历3月29)广州起义中牺牲的烈士而修建的。当时有86人牺牲,而只抢收回72位烈士的尸骸。正门是一座三个孔门的石牌坛,牌坊上刻着孙中山手书的"浩气长存"四个大字。陵园内有记功碑,记述这次起义的经过及烈士的名字。

中山纪念堂　　在越秀山南面,是为纪念伟大的革命先行者孙中山先生而兴建的。1929年1月兴建,1933年建成。广场上屹立着孙中山的青铜像。中山纪念堂建筑设计精巧,宽阔的纪念厅内看不见一根柱子,装饰金碧辉煌,是杰出的建筑物。

羊城八景:

红陵旭日　　在广州起义烈士陵园内,由"千丛红花铺大道,万株青松护红陵"的旭日初升时的美景而得名。

珠海丹心　　在海珠广场中心矗立着一个高大的战士石像,这是为纪念广州解放而兴建的。战士一手持枪,一手抱着鲜花,身披雨篷,显示了南下解放广州的解放军的英姿。

白云松涛　　白云山风景区的黄婆洞、明珠楼一带,松树云集,如一片波涛,风起时,白云飘荡,松涛沸涌,使人如置身于仙境之中。

双桥烟雨　　珠江大桥横跨珠江东西两支流,在烟雨迷茫中,江水共长天一色,景色格外迷人。

鹅潭夜月　　珠江白鹅潭一带,江面宽阔,月色如银,泻在江水上,与华灯相辉映,金光闪闪,景色非常美丽。

越秀远眺　　越秀山是登高游览的胜地,登高远眺,全城景色尽收眼底。

东湖春晓　　东湖公园里湖水绿波荡漾,每当晨光初露时,杨柳依依,花香扑鼻,别有一番景致。

罗岗香雪　　罗岗四面环山,梅花迎寒怒放,宛如漫天飞雪,香飘数里,景色清丽。

广州的主要公园有:越秀公园、草暖公园、流花湖公园、东湖公园、文化公园、人民公园、烈士陵园、华南植物园等。

## 八、广州的饮食文化

正如俗语所说："食在广州"。广州人习惯早上到茶馆去喝早茶、吃点心，称为"饮茶"。晚上吃夜宵，称为"消夜"。广州的茶楼、酒家多不胜数，历史悠久的有大三元酒家、广州酒家、泮溪酒家、陶陶居等。广州有专门供应蛇类食品的蛇餐馆，还有专卖素食品的菜根香素食馆。广州名菜"龙虎斗"就是蛇肉烩猫肉。广州又称鸡爪子为凤爪。表示出一种以龙凤为神圣动物的民族心理。把动物的"肝"称为"膶"，因忌讳"干"，而取滋润的吉祥意义。广州话把丰盛的菜称为"九大簋"[kwei³⁵]。"簋"是古代盛菜的器皿，曾在广州文化公园展出。

广州烹调技术多样化，有地方特色的名菜有：白斩鸡（白切鸡）、盐焗鸡（纸包鸡）、叉烧（一种烤脢肉）、烧乳猪（烤小猪）、烧鸭（烤鸭）等。具有地方风味的小食品更是品种繁多，如及第粥（猪肉、猪肝、猪肠或猪腰子煮的粥）、艇仔粥（原是在荔枝湾小艇上卖的稀饭，现已成为粥品的品种之一）、炒沙河粉（沙河是广州地名，炒粉最著名）、煲仔饭（小砂锅饭）等。

## 九、广州的风俗习惯

花市　　广州每逢春节前都举行花市，除夕有行花街（逛花市）的习俗。一般从农历十二月二十七八日就开始展出千姿百态的鲜花，如桃花、梅花、吊钟、牡丹、菊花和象征吉祥意义的金桔、四季桔、朱砂桔（橘子类水果）等，家家户户都要买些鲜花、桔子摆设，以图吉利。所以花市人山人海，非常热闹，直到春节凌晨才结束。

"利是"（红包）　　春节期间，从小孩到未结婚的青少年都可以得到亲友给的红包，以表示大吉大利。春节派利是已成为广州的风土人情。

赛龙舟　　龙舟竞赛是端午节的习俗,广州称为"扒龙船"。在岸边看赛龙舟的人非常多,十分拥挤、热闹。家家户户还要包粽子。此风俗源于凭吊大诗人屈原。

舞狮　　每逢商店开业等盛事都喜欢舞狮子。锣鼓喧天,几个人扮的狮子在翻腾舞动,吸引途人围观,起到了庆贺和宣传的作用。

接新娘　　结婚时新郎要带着伴郎和几个傧相(广州称"戥穿石")去接新娘,他们要跟新娘的伴娘和女朋友们谈妥开门条件,要封大利是(大红包)给她们,才开门让新郎接走新娘。红包内的钱起码要有三个"九"的数目,因"九"与"久"同音,以喻天长地久。